말달리고 횃불 피우고
옛 교통과 통신

한눈에 펼쳐 보는 전통문화 ⓲
말달리고 횃불 피우고 옛 교통과 통신

초판 1쇄 발행 2013년 2월 22일
초판 4쇄 발행 2019년 5월 30일
개정판 1쇄 발행 2021년 8월 5일
개정판 2쇄 발행 2022년 8월 30일

글 이향숙 그림 김이솔
발행인 양원석 발행처 (주)알에이치코리아 (등록 2004년 1월 15일 제2-3726호)
주소 08588 서울시 금천구 가산디지털2로 53, 20층(한라시그마밸리)
편집문의 02-6443-8921 도서문의 02-6443-8800
홈페이지 www.rhk.co.kr
블로그 blog.naver.com/randomhouse1 포스트 post.naver.com/junior_rhk
인스타그램 @junior_rhk 페이스북 facebook.com/rhk.co.kr

ISBN 978-89-255-7991-7 (74380)
ISBN 978-89-255-4384-0 (세트)

제조자명 (주)알에이치코리아 | 제조국명 대한민국 | 사용연령 8세 이상
※ 종이에 손이 베이거나 모서리에 다치지 않게 주의하세요.
※ 잘못 만들어진 책은 구입하신 곳에서 바꾸어 드립니다.

한눈에 펼쳐 보는 전통문화 ⑱

말 달리고 횃불 피우고
옛 교통과 통신

글·이향숙 그림·김이솔

주니어 RHK

시리즈 소개
한눈에 펼쳐 보는 전통문화

조상 대대로 내려온 소중한 문화가 담겨 있습니다!

〈한눈에 펼쳐 보는 전통문화〉는 한국인으로서의 긍지와 뿌리를 심어 주는 시리즈입니다. 슬기로운 조상들의 소중한 삶의 지혜를 엿볼 수 있고, 아름답고 자랑스러운 우리 전통문화 유산을 두루두루 살필 수 있지요. 우리나라만의 특색을 갖춘 전통문화를 돌아보며 옛 조상들의 생활을 알아보세요.

재미있는 이야기와 풍부한 정보가 가득합니다!

조상들의 생활과 풍습에 관한 재미있는 이야기, 역사와 문화재에 대한 올바른 정보, 자랑스러운 국보와 과학 기술이 돋보이는 주거 생활, 다양한 도구들, 예로부터 전해져 내려오는 바른 먹을거리, 복식 문화 등 우리나라의 전통문화를 총망라하여 내용을 구성하였습니다.

쉽고 자세한 그림으로 어린이들의 이해를 돕습니다!

이야기에 나오는 재미 위주의 장면보다는 정보 부분에 해당하는 그림만 수록하여 보다 쉽고 자세하게 전통문화 관련 정보를 익힐 수 있도록 했습니다. 특히 주제별로 하나씩 큰 그림들을 모아 책 속 부록으로 재구성한 '한눈에 펼쳐 보는 전통문화' 코너는 그림만 살펴보더라도 전통문화를 쉽게 파악하여 지식을 쌓을 수 있습니다.

한 편의 재미있는 이야기 속에 권별 주제와 관련된 정보가 알차게 담겨 있어요.

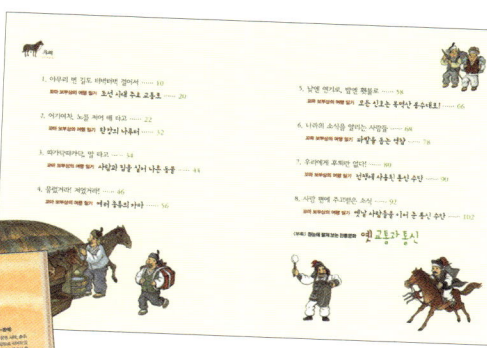

어린이들이 이해하기 쉬운 그림을 통해 전통문화를 설명하고 있어요.

이야기 속에 등장한 전통문화 관련 정보를 한눈에 파악할 수 있도록 구성하였어요.

〈교과연계표〉 말달리고 햇불 피우고 옛 교통과 통신

학년	교과목	단원
3학년	1학기 [사회]	3. 교통과 통신 수단의 변화
3학년	2학기 [사회]	2. 시대마다 다른 삶의 모습
5학년	1학기 [사회]	1. 국토와 우리 생활
5학년	2학기 [사회]	1. 옛사람들의 삶과 문화

시리즈 소개 5

 차례

1. 아무리 먼 길도 터벅터벅 걸어서 …… 10
   꼬마 보부상의 여행 일기 **조선 시대 주요 교통로** …… 20

2. 어기여차, 노를 저어 배 타고 …… 22
   꼬마 보부상의 여행 일기 **한강의 나루터** …… 32

3. 따가닥따가닥, 말 타고 …… 34
   꼬마 보부상의 여행 일기 **사람과 짐을 실어 나른 동물** …… 44

4. 물렀거라! 저었거라! …… 46
   꼬마 보부상의 여행 일기 **여러 종류의 가마** …… 56

5. 낮엔 연기로, 밤엔 횃불로 …… 58
꼬마 보부상의 여행 일기 모든 신호는 목멱산 봉수대로! …… 66

6. 나라의 소식을 알리는 사람들 …… 68
꼬마 보부상의 여행 일기 파발을 돕는 역참 …… 78

7. 우리에게 후퇴란 없다! …… 80
꼬마 보부상의 여행 일기 전쟁에 사용된 통신 수단 …… 90

8. 사람 편에 주고받은 소식 …… 92
꼬마 보부상의 여행 일기 옛날 사람들을 이어 준 통신 수단 …… 102

〈부록〉 한눈에 펼쳐 보는 전통문화 **옛 교통과 통신**

여는 글
말달리고 횃불 피우고 옛 교통과 통신

우리는 먼 곳에 갈 때 자동차나 기차를 타요. 다른 나라로 갈 땐 비행기를 타기도 하지요. 친구와 연락을 주고받기 위해서는 휴대 전화를 사용하거나 인터넷을 이용해서 이메일을 보내기도 하고요. 이처럼 요즘은 아무리 먼 곳이라도 각종 교통수단을 이용하면 어디든지 갈 수 있고, 멀리 떨어져 있는 사람에게도 얼마든지 소식을 전할 수 있답니다.

그런데 교통과 통신 수단이 발달하지 않았던 옛날에는 어떻게 여행을 하고 소식을 주고받았을까요?

옛날에 먼 곳으로 갈 때는 주로 걸어 다녔어요. 튼튼한 두 다리가 교통수단이었던 셈이에요. 지방에 사는 선비들은 과거 시험을 보러 가기 위해 한양까지 몇 날 며칠을 걸어갔고, 떠돌이 장수들은 장이 서는 곳을 찾아 험한 고갯길도 넘어 다녔어요.

　물론 양반들은 말을 타거나 가마를 이용했어요. 하지만 말은 귀하고 비싸서 양반이라고 다 말을 탈 수 있는 것은 아니었어요. 가마 또한 벼슬의 높고 낮음에 따라 종류가 정해져 있었답니다.

　옛날에는 소식을 전하는 일도 쉽지 않았어요. 주로 사람이 직접 편지를 전했는데, 양반들은 하인들을 통해 편지를 전했지만 일반 백성들은 방물장수나 보부상 같은 떠돌이 장수 편에 소식을 전했어요. 그러다 보니 소식을 전하는 데 시간이 오래 걸렸지요.

　나라의 급한 소식을 전하는 방식으로는 봉수와 파발이 있었어요. 그 밖에도 전쟁터에서는 신호연이나 북, 징으로 명령을 전달하기도 했어요.

　이처럼 느리고 불편하기만 했던 옛날의 여행길, 그 길에 꼬마 보부상 동이가 괴나리봇짐에 짚신 몇 켤레를 달고 나섰어요. 아버지의 심부름을 위해 한양까지 가는 동이와 함께 먼 길을 떠나 볼까요?

도보

아무리 먼 길도
터벅터벅 걸어서

"어서 서둘러야 한다."

해가 뜨기도 전에 동이 아버지는 동이를 흔들어 깨웠어요. 졸린 눈을 비비며 일어난 동이는 주섬주섬 옷을 챙겨 입고 아버지를 따라나설 채비를 했어요.

벌써 마당으로 나선 동이 아버지는 몸집보다 큰 짐을 지게에 짊어진 채 동이에게도 작은 짐을 지게 했어요.

동이 아버지는 장이 열리는 곳이면 어디든지 찾아다니며 물건을 파는 등짐장수예요. 등에 물건을 잔뜩 지고 집을 나서면 며칠 만에 돌아오는데, 그럴 때면 그 많던 물건은 온데간데없고 대신 허리춤에 찬 전대에 돈이 가득 들어 있었어요. 사람들은 이런 동이 아버지를 보부상이라고 부르지요.

동이는 올해 열두 살이지만 또래보다 키가 작고 힘도 약해요. 그러다 보니 아이들은 동이를 무시하거나 놀이에 잘 끼워 주지 않았어요. 동이 아버지는 그런 동이가 늘 안쓰러웠지요.

그러던 어느 날, 동이 아버지가 동이에게 행상에 함께 가자고 했어요. 특별히 이번 행상길엔 한양 구경도 할 수 있다고 했지요. 동이는 한양이라는 말에 귀가 솔깃했어요. 같은 마을 아이들 중에 한양에 다녀온 아이는 한 명도 없었으니까요. 자신이 한양에 다녀오면 아이

백성들의 교통수단은 튼튼한 두 다리뿐

양반들은 말이나 가마를 탈 수 있었지만 일반 백성들은 아무리 먼 곳이라도 모두 걸어 다녔어요. 그래서 먼 길을 갈 땐 괴나리봇짐과 여러 켤레의 짚신을 가지고 다녔지요.

괴나리봇짐
옛날 사람들이 먼 길을 갈 때 등에 지고 다니던 보따리예요. 괴나리봇짐에는 갈아입을 옷과 여행에 필요한 돈이 들어 있었어요.

짚신
볏짚으로 만든 신이에요. 짚신은 약해서 온종일 신고 걸으면 해어지기 때문에 먼 길 가는 나그네들은 괴나리봇짐에 여러 켤레의 짚신을 달고 다녔어요.

들이 더 이상 자신을 무시하지 못할 거란 생각도 들었어요.

앞장서 가는 동이 아버지의 등짐 옆에는 짚신이 주렁주렁 달려 있었어요. 먼 길을 갈 때는 짚신이 꼭 필요한데 한양까지 가려면 여러 날 걸어야 하니 짚신도 여러 켤레지요.

아버지를 처음 따라나선 동이는 마음이 들뜨고 설레었어요. 마을을 벗어난 것도 이번이 처음이라 동이는 모든 게 신기한 듯 두리번거리며 걸었어요.

그런데 이게 웬일일까요? 마을을 벗어난 지 얼마 되지도 않았는데 벌써 짐을 멘 어깨가 자꾸 처지기 시작했어요. 처음엔 몰랐는데 걷다 보니 짐이 점점 무겁게 느껴지는 거예요. 그래도 동이는 어깨를 추스르며 씩씩하게 걸었어요.

그런데 얼마 못 가서 또 문제가 생겼어요. 슬슬 다리가 아파 오기 시작한 거예요. 앞서가는 아버지는 그렇게 큰 짐을 지고도 성큼성큼 걸음을 내딛고 있는데 말이에요. 동이는 그런 아버지를 보자 벌써 힘들다고 투정을 부릴 수 없었어요.

한참을 걷다 보니 어느새 날이 훤하게 밝았어요. 동이 이마엔 땀방울이 송골송골 맺히기 시작했고 숨도 찼지요. 그래도 동이 아버지는 아무런 내색 없이 계속 걷기만 했어요.

고갯마루에 이르렀을 때 드디어 동이가 입을 열었어요.

"아버지, 좀 쉬었다 가요. 예?"

그제야 동이 아버지가 걸음을 멈추었어요. 새벽에 밥 한술 먹고 출발하여 해가 중천에 뜰 때까지 걸었으니 다리가 아플 뿐 아니라 허기도 졌어요. 동이 아버지는 나무 밑에 지게를 부려 놓고 편평한 곳을 골라 동이에게도 앉으라고 했어요. 동이는 짐을 내려놓자마자 바닥에 철퍼덕 앉아 다리부터 주무르기 시작했어요.

동이 아버지는 괴나리봇짐을 풀어 주먹밥을 꺼내 동이에게 건넸어요. 주먹밥은 차갑게 식어 있었지만 배가 고팠던 동이는 달게 베어 먹었지요. 동이 아버지도 주먹밥을 한입 가득 넣었어요. 동이는 주먹밥을 먹으면서도 연신 다리를 주물렀어요.

"아버지는 다리 안 아프세요?"

"얼마나 걸었다고 벌써 다리가 아프다고 엄살이냐. 자꾸 걷다 보면 다릿심도 생기게 마련이란다."

하긴 동이 아버지는 동이가 태어나기 전부터 등짐장수를 해 왔으니 걷는 일에는 이골이 났을 거예요. 걸어서 조선 팔도 안 가 본 데가 없다고 할 정도니까요.

일반 백성들이 다른 마을에 갈 수 있는 방법은 오직 걷는 일밖에 없었어요. 양반이라면 말이나 가마를 탈 수도 있지만 백성들이 믿을 건 튼튼한 두 다리뿐이었지요.

동이가 주먹밥을 다 먹기도 전에 동이 아버지는 일어나 짐을 챙기며 말했어요.

나그네에게 길을 알려 주는 장승

장승은 나무나 돌을 사람 모양으로 만들어 마을 입구에 세웠던 일종의 수호신이에요. 질병이나 잡귀로부터 마을을 지켜 주었지요. 조선 시대에는 나그네에게 길을 알려 주기 위해 나라에서 장승을 세우기도 했어요. 길을 따라 일정한 거리마다 장승을 세우고 그곳이 어디인지, 이웃 고을과는 얼마나 떨어져 있는지 새겨 놓았어요.

"서둘러야 해 떨어지기 전에 마을에 닿을 수 있어. 도중에 날이 어두워지면 큰 낭패야."

산속이라 주변엔 집 한 채 없고, 지나가는 사람도 통 볼 수가 없었어요. 동이는 심심하기도 하고, 등에 진 짐도 무거웠지만 아버지의 짐을 보면 힘들다는 말을 입 밖에 꺼낼 수 없었어요.

동이는 속으로 괜히 따라나섰다고 후회하기 시작했어요. 한양이고 뭐고 이렇게 힘든 줄 알았으면 그냥 집에 편히 있을 걸 하는 생각이 들었지요.

그때 저 앞에 허름한 차림의 선비가 걸어오고 있는 게 보였어요. 갓에 도포를 차려입은 것을 보니 양반은 분명한데 옷이 너저분한 게 몰골이 말이 아니었어요. 동이는 양반이 어쩌다 저런 꼴로 다니는 건지 의아했어요.

그런데 선비가 먼저 동이 아버지에게 말을 건네 왔어요.

"장에 가나 봅니다."

"예. 건넛마을에 내일 장이 섭니다."

"한참 걸은 듯한데 다리나 쉬어 가시지요."

선비가 동이의 얼굴이 상기된 것을 보면서 말했어요. 아닌 게 아니라 주먹밥 한 덩이 먹고는 내리 걷기만 했지요.

동이 아버지가 지게를 내려놓자 선비도 나무 그늘에 자리를 잡고 앉았어요. 동이 아버지는 선비의 차림을 흘긋 보고는 말을 이었어요.

"선비님은 과거를 보고 오시는 길인가 봅니다."

"예. 그런데 올해도 낙방입니다. 낙방을 하고 집으로 돌아가려니 발길이 무겁습니다."

"저 같은 떠돌이 장사꾼이야 잘 모르지만, 과거에 합격하기가 하늘의 별 따기만큼이나 어렵다고 들었습니다."

"세상에 쉬운 일이 어디 있겠습니까? 행상 일도 과거 시험만큼이나 어려워 보입니다. 그냥 걷기에도 쉽지 않은 길을 이렇게 큰 짐을 지고 걸어야 하니 보통 일은 아닙니다."

선비가 동이 아버지의 키를 넘는 큰 짐을 보면서 말했어요.

"그래도 이렇게 다니다 보니 우리 같은 보부상들 덕분에 만들어진 길도 있습죠. 울진장에서 봉화장으로 넘어가는 십이령길이 그렇습니다. 그곳은 원래 열두 개의 험한 고개가 이어진 곳이었는데, 보부상들이 장에 빨리 가기 위해 그 고개로 넘어가다 보니 절로 길이 생겼답니다."

동이는 보부상들 덕분에 생긴 길이 있다는 말을 듣고 깜짝 놀랐어요. 선비도 고개를 끄덕이며 말을 이었어요.

넘기 힘든 고갯길, 십이령길과 문경 새재

십이령길
울진에서 봉화로 넘어가는 열두 개의 고갯길이에요. 보부상들은 해안 지방의 장에서 소금, 생선, 젓갈 등을 사서 십이령을 넘어 내륙 지방의 장에 내다 팔고, 그곳에서 산 비단, 담배, 곡물 등을 짊어지고 다시 십이령을 넘어 해안 지방의 장에 가서 팔았어요.

문경 새재
조선 시대에 영남에서 한양으로 가는 가장 빠른 길이었어요. 선비들이 과거를 보러 가기 위해 다녔던 과거 길로도 유명하지요. '새재'는 '새들도 날아서 넘기 힘든 고개'라는 뜻에서 붙여진 이름이라고 해요.

"과거 보러 가는 선비들이 많이 다니는 길도 있답니다. 특히 영남 지방 선비들이 한양으로 갈 때는 꼭 문경 새재를 넘어가지요. 다른 길로 추풍령과 죽령도 있는데, 추풍령을 넘으면 추풍낙엽처럼 시험에 떨어지고, 죽령을 넘으면 대나무처럼 시험에 미끄러진다는 소리가 있어, 누구나 문경 새재를 넘는답니다. 하지만 그것도 틀린 말이지요. 저는 문경 새재를 넘었는데도 떨어졌으니 말입니다."

이런저런 이야기를 나누는 동안 땀이 잦아드니 선비도 동이 아버지도 슬슬 자리에서 일어나 길 떠날 준비를 했어요.

선비와 헤어지고 동이와 동이 아버지는 해가 뉘엿뉘엿 떨어질 때까지 걸었지요.

여전히 동이 아버지는 말없이 걷기만 했고, 동이는 그 뒤를 타박타박 쫓아갔어요. 그나마 다행인 것은 그때부터 길이 내리막길로 이어졌다는 거예요. 힘들게 오르고 나니 내려가는 길은 훨씬 수월했어요.

동이가 고갯마루를 내려가면서 보니 길이 평탄하지는 않지만 굽이굽이 휘어진 길이 잡초도, 거친 돌도 없이 말끔히 닦여 있었어요. 그동안 얼마나 많은 사람이 이 길을 지나다녔는지 짐작할 수 있었지요.

그때 멀리 장승이 보였어요.

"이제 다 왔구나."

아버지가 장승을 바라보며 말했어요.

"어, 우리 마을에도 장승이 있는데 이 마을에도 장승이 있네요."

장승은 재앙을 막고 마을 사람들을 지켜 주기 위해 세운 것이라고 들었어요."

동이는 전에 마을 어른들이 하던 이야기를 떠올리며 아는 척을 했어요.

"저 장승은 마을을 지켜 주는 장승하고는 다르단다. 마을이나 지역 간의 경계를 표시하기 위해서 세워진 것이지."

동이가 장승에 다가가 살펴보았더니 정말 아버지의 말대로 마을에서 보았던 장승과는 다른 것 같았어요. 겉모습은 비슷했지만 장승 아랫부분에 무슨 글자들이 빼곡히 적혀 있었지요.

동이 아버지는 까막눈인 동이가 장승에 쓰인 글자를 읽지 못한다는 것을 알고 있었어요.

"나라에서 중요한 도로에는 일정한 거리마다 의무적으로 장승을 세우도록 했단다. 장승을 기점으로 사방의 주요 고을과 거리가 표시되어 있어서 길손들에게 이정표 구실을 했지."

"길을 모를 땐 사람들에게 물어보면 되잖아요."

글을 읽지 못하는 동이에게 장승은 있으나 마나 한 것이니 동이는 손쉬운 방법을 생각한 거예요.

"사람의 일은 알 수 없는 것이란다. 지나가는 사람은 하나도 없는데, 어디로 가야 할지 모를 땐 어찌하겠느냐? 사람이 나타날 때까지 마냥 기다릴 테냐?"

동이는 아버지의 말뜻을 알아들었는지 쑥스러운 듯 머리를 긁적였어요. 동이 아버지는 까막눈인 동이가 글자를 깨우치기를 바라고 있었거든요.

"먼 길을 다닐 때에는 하나라도 아는 것이 많아야 큰 도움이 된단다."

마을 초입에 들어서니 주막이 나타났어요. 이제 주막에서 따뜻한 국밥도 먹고 피곤한 몸도 쉬어 갈 수 있게 되었어요.

온종일 걸은 탓에 짚신도 다 해졌지요. 아무래도 내일은 동이와 동이 아버지 모두 새 짚신으로 갈아 신어야 할 것 같아요.

꼬마 보부상의 여행 일기
조선 시대 주요 교통로

한양에서 경상도 동래까지 통신사가 오고 간 영남대로, 한양에서 평안도 의주까지 사신이 오고 간 의주대로, 한양에서 전남 해남까지 이어지는 삼남대로 등이 조선 시대의 대표적인 교통로였어요. 정치, 문화, 경제의 중심인 이 세 길은 오늘날도 이용되고 있답니다.

의주대로 (한양-의주)
'연행로' 또는 '사행로'라고도 불려요. 사신들의 왕래가 잦은 교통로이며, 한양에서 의주까지는 사신들의 숙식을 제공하는 관사가 설치되어 있었어요.

영남대로 (한양-동래)
동래에서 대구, 문경 새재, 충주, 용인을 지나 한양으로 이어져 있어요. 실제로 이 길의 끝에서 끝까지 걸어가면 약 14일이 걸렸다고 해요.

삼남대로 (한양-해남)
한양과 삼남(충청도, 전라도, 경상도)을 모두 연결하는 조선 시대 육로 교통의 핵심이에요. 전국의 백성들이 한양으로 가기 위해 주로 이용했을 뿐 아니라, 풍부한 물적 자원도 오고 가던 길이에요.

배

어기여차,
노를 저어 배 타고

"**주모**, 여기 국밥 두 그릇 주시오."
"그렇지 않아도 왜 안 오시나 했습니다. 낼이 장인데, 오늘은 좀 늦으셨습니다."
 주모가 반갑게 아는 척을 했어요. 평상에 자리를 잡고 앉은 동이 아버지는 몇 사람과 인사를 나누었어요. 보부상들은 무리를 지어 다니기도 하고, 지역별로 상단이 있어서 서로 한 가족처럼 지낸답니다.
"아들이 이리 컸으니 얼마나 든든한가? 어른 한몫은 너끈히 하겠는걸."
"그저 잔심부름이나 시킬 정도지요."
 동이 아버지가 사람들과 이야기를 나누는 사이에 주모가 상을 내

나그네들의 쉼터, 주막

조선 시대에 주막이 많기로 유명했던 곳은 영남에서 서울로 가는 문경 새재와 능수버들이 유명한 천안 삼거리, 경상도와 전라도의 길목인 섬진강 나루터의 화개, 한지의 집산지인 전주 등이에요.

중노미
주막에서 주모의 시중을 드는 남자아이예요.

봉놋방
주막에서 가장 큰 방으로, 여러 명의 나그네가 한데 모여 자요.

주모
주막을 운영하는 여주인을 말해요.

왔어요. 상에는 국밥에 김치 한 보시기가 전부였지만 동이에겐 진수성찬이 따로 없었어요. 국밥을 한술 떠 넣으니 뱃속까지 따뜻해지면서 그동안 힘들었던 것도 다 풀어지는 듯했지요.

저녁을 먹고 나자 동이 아버지는 봉놋방으로 들어가 동이의 잠자리를 봐주었어요. 봉놋방은 주막에 있는 큰 방인데, 여럿이 함께 자는 방이라 정해진 자리가 있는 것이 아니에요. 그래서 누구든지 먼저 아랫목을 차지하면 그만이었지요. 동이는 온종일 걸은 탓에 눕자마자 일찌감치 곯아떨어졌어요.

그런데 한밤중에 동이 아버지의 신음이 들렸어요. 동이가 깜짝 놀라 일어나 보니 아버지는 온몸이 땀에 흠뻑 젖은 채 눈도 제대로 뜨지 못하고 끙끙 앓고 있었어요.

"아버지, 아버지! 정신 좀 차려 보세요."

동이는 옆에 잠든 사람들을 흔들어 깨워 도와 달라고 했어요. 사람들은 동이 아버지가 의식을 차리지 못하는 것을 보고는 얼른 의원을 불러와야겠다고 했어요. 동이 아버지와 잘 아는 보부상들은 서로 의논을 하더니 한밤중인데도 마다하지 않고 의원을 부르러 갔어요. 그사이 주모도 깨어나 동이 아버지의 머리에 물수건을 얹어 주며 간호를 했지요.

보부상들과 함께 주막으로 달려온 의원은 동이 아버지를 진맥하더니 곧 침을 놓았어요. 그러자 얼마 지나지 않아 동이 아버지의 의식이 돌아왔어요.

"어찌 몸이 이 지경이 되도록 돌아다닌 게야."

의원은 동이 아버지를 나무랐어요.

"탕약을 지어 줄 테니 탕약을 먹는 동안은 꼼짝없이 쉬어야 하네. 그 안에 움직였다간 그땐 정말 큰일 나는 줄 알아."

의원은 동이 아버지에게 집으로 돌아가는 것도 무리이니 탕약을 먹는 며칠 동안은 주막에서 그대로 쉬라고 했어요. 그 말을 들은 동이 아버지는 크게 낙담했어요.

'큰일이군. 꼭 한양에 가야 하는데…….'

날이 밝자 동이 아버지가 동이에게 말했어요.

"아무래도 나는 어려울 것 같으니 너 혼자 한양에 다녀와야겠다. 한양에 계신 분께 꼭 전해야 할 서찰이 있거든."

"저 혼자서 한양까지요? 저는 길도 모르는데요."

동이는 말도 안 되는 일이라고 생각했어요. 그러나 동이 아버지에겐 생각이 있었어요. 우선 상주장으로 가는 보부상 무리에게 동이를 부탁하기로 했어요. 상주장에서는 충주장으로, 그다음엔 용인장으로 가는 보부상을 따라가면 한양으로 들어가는 길은 그리 어렵지 않다

물길을 통해 운반된 목재, 뗏목

통나무를 나란히 이어 붙여 물에 띄운 것으로, 조선 시대에 산간 지방에서 베어 낸 통나무를 한양으로 옮기기 위해 만들었어요. 압록강과 두만강 뗏목은 우리나라 최대 규모였으며, 그다음이 북한강과 남한강 뗏목이었어요.

떼사공
뗏목을 모는 사람으로, '떼꾼'이라고도 해요. 앞에 선 사람은 '앞사공', 뒤에 선 사람은 '뒷사공'이라고 해요.

고 생각한 것이지요.

"동이야, 보부상 아저씨들만 잘 따라가면 무사히 한양에 갈 수 있을 게야. 그러니 너무 걱정하지 않아도 돼."

동이 아버지는 그날 장이 파한 뒤 주막으로 돌아온 보부상들 중에 상주장으로 넘어가는 무리를 찾았어요. 다행히 동이 아버지와 가까이 지내는 방씨 아저씨가 상주장으로 간다고 해서 동이를 부탁했어요.

다음 날 아침 일찍 동이는 방씨 아저씨와 함께 길을 나섰어요. 동이 아버지는 간밤에 서찰을 동이의 괴나리봇짐에 넣어 주며 한양의

나루와 나루 사이를 오가는 나룻배

나룻배는 나루터에서 사람이나 짐 등을 실어 나르는 배예요. 강을 끼고 있는 마을에서는 중요한 교통수단으로 이용되었지요.

나룻배
주로 소나무로 만들었어요. 크기도 다양하여 작은 배에서 100여 명을 태울 수 있는 큰 배까지 있었어요.

나루터
나룻배가 건너다니는 일정한 터예요. 규모에 따라 '진' 또는 '도'라고 했어요. 노량진, 한강진, 삼전도처럼 이름 끝에 진이나 도가 붙은 곳은 예전에 나루터가 있던 곳이에요.

뱃사공
노를 저어 배를 부리는 사람으로, '사공'이라고도 해요. 마을에서 공동으로 배를 장만하여 사공을 따로 두었는데, 사공에게는 봄, 가을로 곡식을 거둬 삯으로 주었어요.

노
물을 헤쳐 배를 앞으로 나아가게 하는 나무로 만든 도구예요.

도반수 어르신께 꼭 직접 전해야 한다고 했어요. 아무도 보아서는 안 된다고 신신당부도 했지요.

상주장으로 가려면 먼저 강을 건너야 했어요. 방씨 아저씨는 동이를 데리고 낙동나루로 갔어요.

이미 나루터에는 사람들이 길게 줄을 서 있었어요. 아기를 업은 아낙도 있고 보따리를 든 할머니, 의관을 갖춰 읕은 점잖은 선비도 있었지요. 모두 강 건너 마을에 볼일이 있는 사람들이었어요. 맨 뒤에는 소도 한 마리 있었는데, 소의 등 위에는 나뭇단까지 실려 있었지요. 건넛마을에 나무를 팔러 가는 길인 듯했어요. 동이는 나룻배가 사람뿐만 아니라 크고 작은 짐들과 짐승까지 실어 나르는 것을 보고 눈이 휘둥그레졌지요.

방씨 아저씨가 뱃사공에게 아는 체를 했어요.

"오늘은 바람이 심상치 않은데 괜찮겠소?"

"이깟 바람에 배가 못 나가면 이 마을 사람들은 모두 발이 묶입니다, 그려."

아닌 게 아니라 건넛마을에 갈 수 있는 방법은 오직 배를 타는 일밖에는 없어 보였어요. 넓고 깊은 강을 헤엄쳐 건널 수도 없고, 물길이 얕은 곳을 찾아 건너려면 강을 끼고 빙 돌아 한나절도 넘게 걸릴 거예요. 그래서 큰 강을 끼고 있는 마을에는 나루터가 있어 나룻배로 사람을 실어 나르지요.

배 안에는 사람들도 많았지만 짐들도 많아서 발 디딜 틈이 없었어요. 이렇게 많은 사람과 짐을 싣고도 배가 물에 가라앉지 않는 것이 동이는 신기하기만 했지요.

"어린아이가 먼 길을 가는구나."

뱃사공이 동이의 괴나리봇짐에 달린 짚신들을 보고 웃으면서 말을 건넸어요.

"예. 아버지의 심부름을 가는 길입니다."

뱃사공은 다른 보부상들과도 이런저런 이야기를 나누었어요.

"이번 장에서는 많이 팔았소?"

"영 신통치가 않았습니다. 상주장은 좀 나아야 할 텐데 말입니다. 이곳은 별일 없습니까?"

보부상이 인사치레로 물었어요.

"우리야 별일 있을 게 무에 있겠소? 그저 마을 사람들과 소소한 짐들을 나르는 일인데……. 그런데 저 아래 창원에선 왜구들이 조운선을 약탈해서 싣고 가던 물건을 몽땅 털렸다는 소문이 들립니다."

"저런, 가난한 백성들이 어렵게 낸 세금인데 그것을 털리다니요."

바닷가에서 노략질을 일삼던 왜구들이 가난한 백성들만 괴롭히는 것이 아니라 종종 조운선을 습격해서 큰 피해를 입는다고 해요. 사람들은 왜구들이 큰 골칫거리라며 걱정했어요.

뱃사공은 노를 저으면서도 쉬지 않고 사람들과 주거니 받거니 얘기

세금을 한양으로 나르던 조운선

각 지방에서 백성이 세금으로 낸 쌀과 옷감을 실어 나르던 배예요. 쌀이나 옷감은 무겁고 부피가 커서 도로가 발달하지 않았던 옛날에는 육로로 나르기가 어려웠어요. 그래서 배에 실어 물길을 따라 한양까지 운반했어요.

를 나누었어요. 감나무 골에 훈장이 새로 왔다는 이야기며, 끝순네가 드디어 아들을 낳았다는 이야기까지 온 동네의 소식이 전해졌어요. 배 안에서는 그야말로 동네 일부터 먼 지방 이야기까지 모든 소식을 들을 수 있었어요.

    사람들과의 이야기가 잠잠해지자 뱃사공은 구성진 목소리로 뱃노래를 부르기 시작했어요.

    어기야 디여어차 어기야 디여 어기여차 뱃놀이 가잔다
    부딪치는 파도 소리 잠을 깨우니

들려오는 노 소리 처량도 하구나
어기야 디여어차 어기야 디여 어기여차 뱃놀이 가잔다

몇 사람은 뱃노래를 따라 부르기도 했어요. 동이는 뱃노래를 들으며 강물을 바라보았어요. 앞으로 한양까지 갈 일이 걱정이었거든요.

그러는 사이에 배는 건너편 나루터에 도착했어요. 사람들은 이고 지고 온 짐 보따리들을 챙기며 내릴 준비를 했어요. 동이도 뱃삯을 내려고 괴나리봇짐에서 한 냥을 꺼냈어요.

배가 나루터에 닿자 뱃사공이 먼저 내려 배를 비끄러맸어요. 그러자 한 사람씩 차례로 배에서 내리고는 뱃삯을 치렀어요.

그런데 가만히 보니 어떤 사람들은 뱃삯을 내지 않은 채 뱃사공하고 인사만 나누고는 총총 사라졌어요. 어떤 이는 뱃삯을 내고 어떤 이는 공짜이니 동이는 이게 무슨 일인가 싶어 방씨 아저씨에게 물었지요.

"아저씨, 뱃삯을 내지 않는 사람들은 왜 그런 거예요?"

그러자 방씨 아저씨가 껄껄 웃으며 설명해 주었어요.

"이 마을 사람들은 뱃삯을 가을에 거둔 곡식으로 한꺼번에 치른단다. 대신 외지에서 온 사람들에겐 뱃삯을 받지."

그러자 옆에 있던 뱃사공이 한마디 보탰어요.

"밤에 급한 일로 강을 건너야 할 때는 뱃삯을 곱절로 받기도 해.

한밤중에 우리 집까지 찾아와 문을 두들겨 대면 안 나갈 수가 없어. 오죽 급하면 그러겠나 싶어서 배를 띄우지. 하나 자다가 나와 노를 저으려면 여간 성가신 일이 아니야."

뱃사공은 고개를 흔들었어요.

"그럼 다음 장날에나 또 뵙지요."

방씨 아저씨가 뱃사공에게 인사를 했어요. 뱃사공은 강가에 앉아 쉬면서 다시 강을 건널 손님을 기다렸지요.

꼬마 보부상의 여행 일기
한강의 나루터

한강에는 모두 18개의 나루터가 있었다고 해요. 그중에서 광나루, 삼밭나루, 동작나루, 노들나루, 양화나루는 한강의 5대 나루로 손꼽힌답니다.

양화나루
한양에서 양천을 거쳐 강화도로 이어지는 길목이에요. 한강의 수위가 점차 낮아지면서 큰 배가 용산까지 못 들어오자 양화나루가 크게 번성했어요.

노들나루
노량진에는 백로들이 많이 날아와 '노들'이라고 불리기도 했어요. 이 길목은 시흥, 수원은 물론 충청도, 전라도로 통하는 큰 길이었어요.

동작나루
한양에서 삼남(충청도, 전라도, 경상도)으로 내려가거나, 수원, 과천 등에서 남태령을 넘어 도성 안으로 들어오던 사람들이 한강을 건널 때 이용하던 나루터였어요.

광나루
광나루에서 배를 타고 한강을 건너면 광주를 거쳐 남쪽 지방으로 왕래할 수 있었어요.

삼밭나루
탄천과 한강이 만나는 곳이에요. 세종이 한강 건너 아버지 태종의 헌릉을 참배하러 갈 때나 경기도 여주에 있는 영릉과 강남에 있는 선릉에 참배하러 갈 때 건너던 나루터였어요.

> 말

따가닥따가닥,
말 타고

상주장에서 방씨 아저씨는 충주장으로 떠나는 보부상에게 동이를 부탁했어요. 그 뒤엔 용인장으로 가야 한다는 말도 잊지 않았지요. 이런 보부상단 아저씨들 덕분에 동이는 무사히 한양까지 오게 되었어요.

그래서 이제 막 도성 안으로 들어가려는데 성문 앞에서 포졸들이 사람들을 한 명 한 명 일일이 검문을 하고 있었어요. 어디를 가려는지 꼬치꼬치 캐묻기도 하고, 어떤 사람에겐 짐을 모두 풀어 보라고도 했어요.

그 모습을 보자 동이는 가슴이 두근거렸어요. 아버지가 괴나리봇짐에 든 서찰은 아무도 보아서는 안 된다고 했기 때문이에요.

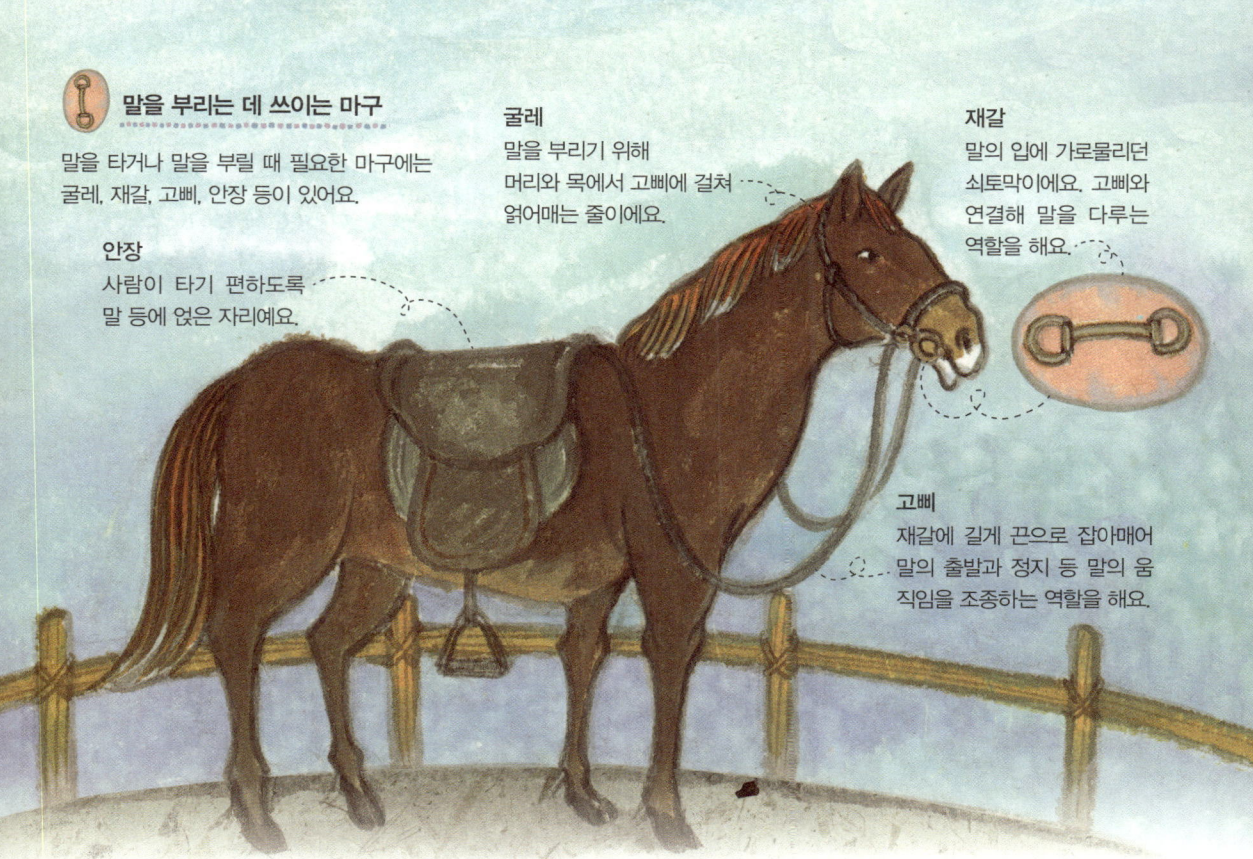

말을 부리는 데 쓰이는 마구

말을 타거나 말을 부릴 때 필요한 마구에는 굴레, 재갈, 고삐, 안장 등이 있어요.

굴레 말을 부리기 위해 머리와 목에서 고삐에 걸쳐 얽어매는 줄이에요.

재갈 말의 입에 가로물리던 쇠토막이에요. 고삐와 연결해 말을 다루는 역할을 해요.

안장 사람이 타기 편하도록 말 등에 얹은 자리예요.

고삐 재갈에 길게 끈으로 잡아매어 말의 출발과 정지 등 말의 움직임을 조종하는 역할을 해요.

"역적모의가 들통났다며?"

"아직 그 일당이 다 잡히지 않았다지?"

"그래서 이리 검문이 심한 게로군."

성문 앞에 줄을 서 있던 사람들이 떠드는 소리였어요. 동이는 자신의 차례가 다가올수록 심장이 너무 빨리 뛰어 숨이 멈추는 듯했어요. 아버지가 주신 서찰은 역적모의와 관계없을 테지만 서찰의 내용을 모르는 동이로서는 긴장이 될 수밖에요. 혹시 이 먼 곳까지 와서 포졸한테 잡혀가면 어떡하나 하는 생각에 잔뜩 겁을 먹었지요.

드디어 동이 차례가 되었어요. 포졸들은 동이를 아래위로 한번 훑어보더니 아무 말도 묻지 않은 채 그냥 통과시켜 주었어요. 동이가 또래보다 작아서 더 어려 보였기 때문에 별 의심을 받지 않았던 거예요. 동이는 가슴을 쓸어내리며 도성 안으로 들어섰어요.

이제 운종가에 있다는 도임방을 찾아가 도반수 어르신을 만나기만 하면 되었어요. 동이는 한양 도성에 들어선 것만으로도 벌써 심부름을 다한 것처럼 설레었지요.

한양에 들어서니 번화한 거리에 오가는 사람들이며, 솟을대문이 으리으리한 기와집들이며 동이가 살던 시골 마을과는 영 딴판이었어요. 눈이 휘둥그레진 동이는 여기저기 두리번거리느라 정신이 없었지요.

'쿵!'

한눈을 팔고 가던 동이가 그만 앞에 오던 아이와 정면으로 부딪치고 말았어요.

"아야! 너는 도대체 눈을 어디다 두고 다니는 게냐?"

동이의 또래로 보이는 아이가 먼저 소리를 질렀어요. 동이는 머리가 아프기도 하고 정신이 얼떨떨해서 아무 말도 못 했어요.

"비켜서라는 소리를 듣지 못한 게냐?"

그러고 보니 그 아이는 한 손에 말고삐를 잡고 있었어요. 말에는 점잖아 보이는 양반이 타고 있었지요.

"그 아이도 아프겠구나."

말 위에 탄 양반이 인자한 목소리로 말했어요.

"너, 오늘 운 좋은 줄 알아라. 우리 나리같이 인정 많으신 분을 만났으니 경을 치지 않는 것이다."

"어린아이가 먼 길을 온 듯하구나."

양반이 동이의 옷차림과 괴나리봇짐을 보며 말했어요.

"아버지의 심부름으로 운종가를 찾아가는 길입니다."

"어, 거긴 우리 나리 댁 근처인데."

그 아이가 대뜸 아는 척을 했어요. 물론 동이에게 그보다 반가운 말은 없었지요. 그러자 말에 탄 양반이 따라오라고 했어요.

고삐를 쥔 말구종

말을 타고 갈 때 고삐를 잡고 앞에서 끌거나 뒤에서 따르는 하인이에요. 주인은 말 위에 타고 말구종은 걸어서 따라갔으므로, 말의 속도는 빠르지 않았어요.

함께 걸으면서 보니 그 아이는 제법 말을 잘 끌었어요. 동이보다 몸집은 컸지만 알고 보니 동갑이었지요.

"우리 나리께서 먼 길을 출타하실 때는 꼭 말을 타시거든. 그럴 때면 내가 앞에서 말고삐를 잡아끄는 일을 하지. 사람들은 나를 말구종이라고 해."

"말구종?"

동이는 자신의 몸보다 큰 말을 자유자재로 다루는 말구종 아이가 대단해 보였어요. 동이는 말 옆으로 다가가기도 두려웠는데, 말구종 아이는 아무렇지도 않다는 듯 말 옆구리를 툭툭 치기도 하고 쓰다듬기도 했지요. 신기하게도 몸집이 커다란 말이 자그만 말구종 아이 앞에선 순하게 말을 잘 들었어요.

"이게 말고삐인데, 이것을 당겼다가 늦췄다가 하면서 말을 모는 거야. 고삐를 왼쪽으로 당기면 말이 왼쪽으로 가고, 오른쪽으로 당기면 오른쪽으로 가지. 고삐를 팽팽하게 계속 당겨 주면 가라는 신호로 알고 계속 앞으로 가고, 말의 머리가 뒤로 젖혀지도록 잡아당기면 멈추라는 신호로 알고 멈춘단다."

노둣돌
말을 타거나 내릴 때 밟고 설 수 있도록 만든 돌로 양반집 대문 앞에 놓여 있어요.

말구종 아이는 동이 앞에서 조금 잘난 척을 하며 말했어요.

동이가 고개를 끄덕이며 물었어요.

"말을 타면 얼마나 빨리 갈 수 있어?"

"우리 나리가 그러시는데 한양에서 동래까지 걸어서 가면 스무 날이나 걸리는데, 말을 타고 가면 닷새면 충분하대. 나야 그리 먼 곳까지 가 보지 않아서 모르겠지만 말이야. 그러니 말이 얼마나 빠른지 짐작하겠지?"

둘은 어느새 친구라도 된 듯 도란도란 이야기를 나누며 갔어요. 말구종 아이는 말에 대해서라면 모르는 게 없다는 듯 동이에게 이것저것 이야기해 주었어요.

"말은 양반들만 탈 수 있어. 나라에서 그렇게 정했대. 하지만 양반이라고 해서 다 말을 탈 수 있는 건 아니야. 말은 귀해서 값이 매우 비싸기 때문에 잘사는 양반집에서만 탈 수 있단다. 우리 나리 댁은 아주 부자야. 집에 마구간도 있는걸."

"말이 얼마나 비싸기에?"

"말 한 필 값이 우리 같은 노비 두어 명 값과 맞먹는대. 우리가 저 말보다 못한 신세지."

말구종 아이는 그렇게 말하면서도 별로 실망하는 눈치는 아니었어요. 그때 바로 옆으로 말과 비슷하지만 몸집이 작은 동물이 지나갔어요. 그 위에도 점잖아 보이는 선비가 타고 있었지요.

"저건 뭐야?"

나라에서 말을 관리해요

나라에서 필요한 말을 번식시키고 관리하는 일을 마정이라고 해요. 조선 시대에는 병조 밑에 있는 사복시에서 마정을 담당했어요. 말은 쓰임새가 많아 교통수단으로 이용되었을 뿐만 아니라 군사용이나 교역품 그리고 농사지을 때도 이용되었어요. 그 밖에 말고기를 먹기도 하고, 말갈기와 말 꼬리는 갓 또는 관모로, 말가죽은 가죽신으로, 말 힘줄은 활을 만들 때 쓰였어요.

동이가 물었어요.

"너 정말 나귀도 모른단 말이냐?"

말구종 아이는 놀랍다는 눈빛으로 동이를 쳐다보았어요. 동이가 사는 마을에서는 말을 구경하기도 어려웠는데 나귀를 보았을 리 없지요.

동이가 눈을 끔뻑거리며 쳐다보자 말구종 아이는 알겠다는 듯 이야기를 시작했어요.

"나귀는 몸집도 작고 볼품은 없지만 저래 봬도 튼튼하고 힘이 세단다."

동이 눈에도 나귀가 말보다는 못해 보였어요.

"말을 타는 게 훨씬 멋있어 보이는데, 저 양반은 왜 나귀를 타는 거야?"

"그야 나귀가 말처럼 비싸지 않으니까 그렇지. 게다가 나귀는 말보다 먹이도 적게 먹고 튼튼해서 질병에도 잘 걸리지 않는대. 또 힘이 세서 무거운 짐을 싣고 먼 길을 갈 수도 있고."

말구종 아이는 아까보다 좀 더 으스대면서 말했어요.

그런데 동이가 지나가는 나귀를 가만히 보니 말보다 훨씬 천천히 갔어요.

"나귀는 말보다 훨씬 느린 것 같은데?"

"나귀가 말보다 느리긴 하지만 점잖은 선비에게는 빠른 말이 그다지 필요하지 않으니까 오히려 딱 알맞대. 나귀가 돈도 적게 들고 여러모로 경제적이어서 사치를 모르는 청렴결백한 선비의 상징으로 여겨지기도 하지."

말구종 아이는 말을 마치고는 아주 흡족한 표정을 지었어요. 동이도 말구종 아이가 꽤 똑똑하단 생각이 들었지요.

"그런데 너희 나리는 왜 나귀를 안 타시고 말을 타시는 거야? 그럼 청렴결백한 선비가 아니라는 거야?"

동이가 궁금한 눈빛으로 묻자, 말구종 아이가 당황하며 동이의 입을 손으로 틀어막았어요. 그리고 동이의 귀에 대고 속삭였어요.

"내가 아까 뭐라 했니? 우리 나리 댁엔 마구간도 있다고 했잖아. 아주 부자라는 뜻이지. 우리 나리도 선비는 맞는데, 부자 선비야."

말구종 아이는 주인 나리에게 들릴세라 작은 소리로 말했어요. 그제야 동이도 눈치를 채고는 고개만 끄덕였지요.

말구종 아이와 이야기를 주고받는 동안 어느덧 운종가에 다다랐어요. 동이는 양반에게 고개 숙여 인사를 한 뒤, 말구종 아이에게도 고맙다고 말했어요.

"아까처럼 그렇게 두리번거리지 말고 앞을 똑바로 보고 다니거라. 여긴 한양이다!"

말구종 아이는 혼자 한양에 온 동이가 걱정되었는지 동이의 뒤통수에 대고 소리쳤어요.

말구종 아이가 가르쳐 준 대로 골목을 돌아서니 도임방이 있었어요. 그곳에서 도반수 어르신을 만난 동이는 괴나리봇짐에 넣어 두었던 서찰을 전해 드렸어요. 그런데 서찰을 읽은 도반수 어르신의 낯빛이 어두워졌어요.

"어린 네가 이곳까지 오느라 고생이 많았겠구나."

동이는 도반수 어르신에게 칭찬을 들어 기분은 좋았지만, 나쁜 소식을 전한 것 같아 한편으로는 마음이 편치 않았어요.

그러자 도반수 어르신이 동이의 마음을 읽기라도 한 듯 말했어요.

"네 아버지가 속해 있는 경상 상단 보부상들에 대한 관리들의 횡

포가 심하다는 소식이구나. 내가 나서야 할 일이라 네 아버지가 나에게 긴밀히 알린 것이란다. 이제 내가 사정을 알았으니 못된 관리는 처벌을 받도록 하고, 보부상들이 억울한 일을 당하지 않도록 조치를 취할 것이다."

동이는 도반수 어르신의 설명을 듣고 나서야 마음이 놓였어요. 도반수 어르신은 떠나는 동이에게 작은 등짐을 지워 주며 말했어요.

"보부상이 빈 몸으로 다녀서야 되겠느냐?"

꼬마 보부상의 여행 일기
사람과 짐을 실어 나른 동물

교통수단이 발달하지 않았던 옛날에는 동물의 힘을 빌려 사람이나 짐을 실어 날랐어요. 어떤 동물들이 있었을까요?

조랑말
우리나라 말은 대부분 조랑말로, 몸집은 작지만 짐을 싣고 다니거나 타고 다니기에 편했어요.

과하마
우리나라 토종말로, 조랑말의 한 종류예요. 키가 무척 작아 '과일나무 밑을 지나다니는 말'이라고 해서 '과하마'라고 불렀어요. 몸집은 작지만 험한 산악 지대에서도 지치지 않고 잘 달리는 튼튼한 말이에요.

나귀
나귀는 당나라에서 들여왔다고 해서 '당나귀'라고도 해요. 말보다 키가 작고 볼품은 없지만, 튼튼하고 힘이 무척 세서 무거운 짐을 싣고 먼 길을 갈 수 있어요.

소
아주 오래전부터 짐과 사람을 실어 나르는 중요한 교통수단이었어요. 또한 힘든 농사일을 도와주어 옛날 농부들은 소를 가족처럼 아끼고 사랑했어요.

달구지
소가 끌던 짐수레예요. 소는 말보다 느리지만 힘이 세기 때문에 무거운 짐을 많이 실어 나를 수 있어요.

가마
물렀거라!
저었거라!

동이는 말구종 아이의 말대로 이번엔 두리번거리지 않고 똑바로 앞만 보고 걸었어요.

"어이, 물렀거라! 저었거라!"

그때 저 앞에서 웬 하인이 가마와 함께 다가오며 소리쳤어요. 그러자 길을 지나가던 사람들이 일제히 양옆으로 물러서며 고개를 숙였어요. 동이는 영문도 모른 채 그 광경을 바라보면서 생각했어요.

'그래, 두리번거리지 말고 똑바로 앞만 보고 가면 될 거야.'

드디어 가마가 코앞으로 다가왔어요. 하인은 동이에게 냅다 소리를 질렀어요.

"어린놈이 귀가 막혔느냐? 비키란 소리가 들리지 않느냐!"

동이는 깜짝 놀라 황급히 길옆으로 물러선 차 하인을 쳐다봤어요.

"어허, 고개를 숙이지 못할까?"

"아저씨가 뭔데 고개를 숙이라는 거예요?"

문득 동이는 그냥 당하고만 있기가 억울하단 생각이 들었어요. 잘못한 일도 없이 언짢은 소리를 들으니 화가 났지요.

"이 가마에 타신 분이 뉘신 줄 알고 감히 고거를 빳빳이 들고 있느냐! 이조 판서 나리의 가마란 말이다. 냉큼 고개를 숙이거라."

그러자 가마의 창문이 열리면서 판서 나리라는 분이 고개를 내밀었어요.

"무슨 소란이냐?"

"그게 나리, 어린놈이 얼른 길을 비키지 않기에 혼쭐을 내 주었습니다."

그러자 판서 나리가 동이의 차림새를 찬찬히 훑어보더니 말했어요.

"꼬마 보부상이로구나. 길을 다닐 땐 언제나 잘 살피면서 다녀야 하느니라."

판서 나리는 동이를 혼내기는커녕 오히려 인자하게 말을 건네고는 가마의 창문을 닫았어요.

"우리 나리 같은 분을 만났으니 무사한 줄 알아라."

하인은 다시 소리를 지르며 앞으로 나갔고, 가마도 지나갔어요.

"저 가마는 사인교란다. 앞으로 사인교를 보면 무조건 고개를 숙이

벼슬하는 양반들만 탈 수 있었던 가마

가마는 조그만 집 모양의 탈것이에요. 안에 사람이 들어앉고, 앞뒤에서 두 사람 또는 네 사람의 가마꾼이 가마채를 손으로 들어 운반해요. 조선 시대에 지체 높은 양반들은 가마를 타고 다녔어요.

가마꾼
가마를 메는 사람이에요. 가마의 종류에 따라 가마꾼의 수가 달랐어요.

가마채
가마를 멜 때 멜빵을 걸고 손으로 쥐는 가마 밑의 기다란 나무예요.

거라."

옆에 서 있던 어른이 고개를 들며 동이에게 일러 주었어요.

"사인교요?"

"사인교는 정2품 이상의 벼슬아치들만 탈 수 있는 가마란다. 앞뒤에 두 사람씩 모두 네 사람이 멘다고 해서 사인교라고 하지."

동이는 얼떨떨한 채 그 자리에 한참 서 있었어요.

'가마한테도 절을 해야 하다니……. 참, 이곳은 한양이지.'

동이는 다시 길을 걸었어요. 가다 보니 저 앞에 궁궐이 보였어요. 동이의 발길이 자연스레 그쪽으로 향했지요. 아버지가 기다리고 계시는 주막으로 어서 돌아가야 하지만 한양까지 왔는데 궁궐 구경을 안 할 수는 없었어요.

동이는 궁궐이 잘 보이는 곳까지 와서 고개를 기웃거리며 살폈어요. 궐문 앞에 가마들이 속속 도착했고, 관복 차림의 양반들이 가마에서 내려 궐문 안으로 들어갔어요.

"아까 혼쭐이 난 아이로구나."

웬 가마꾼이 동이를 보고 아는 체를 했어요.

"저를 아세요?"

"아까 네가 가마 앞에서 혼날 때 가마를 멨던 가마꾼이란다. 다음부터 권마성이 들릴 땐 얼른 길을 비키도록 하거라."

"권마성이 뭔데요?"

"권마성이란, 높은 사람이 탄 가마가 지나갈 때 그 앞에서 하인이 위세를 더하기 위해 지르는 소리란다."

동이는 알겠다는 듯 고개를 끄덕였어요.

"원래 가마란 것이 아무나 탈 수 있는 것이 아니라서 높은 벼슬아치들이 타고 있는 것이 당연한데도 가마가 지날 때는 으레 권마성을 지른단다."

그러고 보니 가마꾼은 가마를 옆에 내려놓은 채 다른 가마꾼들과

쉬고 있는 중이었어요.

"그럼 판서 나리라는 분도 궐 안으로 들어가셨어요?"

동이가 짐작해서 말했어요.

"그렇단다. 갑자기 임금님께서 모두 궐에 들라고 명하신 모양이야."

"그런데 왜 가마를 타고 들어가지 않으셨어요? 판서 나리는 높으신 분이라면서요?"

"높은 벼슬아치라고 다 가마를 타고 대궐에 들어갈 수 있는 게 아니란다. 정1품은 되어야 가마를 탄 채 들어갈 수 있지. 그러니까 영의정, 좌의정, 우의정쯤은 되어야 가마를 탄 채 궐 안으로 들어갈 수 있다는 말이다."

그때 가마 한 대가 막 도착했어요. 아까 본 사인교와는 달리 가마

새색시가 타는 꽃가마

혼례 때 신부가 타는 가마예요. 여러 가지 색을 칠하거나 술을 다는 등 화려하게 장식했어요. 가마 몸체는 부부 금실이 좋고 자손이 많기를 비는 무늬를 새겨 넣었고, 가마 덮개의 네 면 가장자리에는 다섯 가지 색의 술을 둘렀어요.

가 의자처럼 생겼지요.

"저건 평교자인데 종1품 이상의 관리들만 탈 수 있단다."

"양반이라고 해서 아무 가마나 탈 수 있는 건 아니군요?"

동이는 한양은 참으로 복잡한 곳이라고 생각하면서 물었어요.

"그렇지. 신분에 따라 탈 수 있는 가마의 종류와 가마를 메는 가마꾼의 수, 뒤따르는 하인의 수가 모두 달라."

"우리 마을에서는 삼월이 누나도 가마를 탔는걸요. 삼월이 누나네는 양반 댁도 아닌데 말이에요."

"아마 혼례 치르는 날 탔겠지. 원래 가마는 양반들만 타게 되어 있지만, 혼인날 새색시가 가마 타는 것은 특별히 허락되었단다."

"그럼 저 같은 아이는 앞으로 평생 가마 탈 일이 없겠네요?"

"낮은 신분으로 태어났으니 어쩔 수 없는 노릇이지. 우리 같은 가마꾼도 수십 년 가마를 멨지만 한 번도 가마를 타 보지는 못했어. 나도 여자로 태어났으면 혼인날이라도 한번 타 보는 건데 말이다."

가마꾼도 말을 해 놓고는 우스운지 껄껄 웃었어요.

그때 또 한 대의 가마가 도착했는데, 그 가마는 모양이 특이했어요. 가마 밑에 외바퀴가 달려 있어 가마의 높이가 꽤 높았지요.

가마 요강

먼 곳으로 시집가는 새색시는 가마 안에 요강을 넣고 갔어요. 소변을 볼 때 소리가 나지 않도록 요강 안에 솜이나 콩, 팥 등을 넣었어요.

"저 가마는 초헌인데, 종2품 이상의 관리들이 타는 가마란다. 좌석이 높아서 보는 사람은 절로 우러러보게 되고, 가마에 탄 사람은 아래를 내려다보게 되어 있지. 초헌을 타는 관리의 집은 지붕이 높은 솟을대문이라서 초헌을 타고도 쉽게 드나들 수 있어."

"저 가마는 권마성을 지르지 않아도 높은 분이 타는 가마라는 걸 한눈에 알겠어요."

동이가 초헌을 신기하게 바라보며 말했어요.

"초헌은 가마가 높아서 위세를 떨칠 수는 있지만 불편한 점도 많단다. 바퀴가 하나밖에 없기 때문에 위태롭기도 하고, 또 심하게 흔들려서 자리에 앉은 사람이 혀를 깨무는 일도 있지."

동이는 양반이 무게 잡고 초헌을 타고 가다가 혀를 깨무는 장면을 상상하니 웃음이 나왔어요.

"아마 저 가마에는 대감댁 마님이 타고 계실 것이다."

가마꾼이 저 건너 육조거리로 지나가는 가마를 손가락으로 가리키며 말했어요.

"가마 안이 보이지 않는데 그걸 어떻게 아세요?"

"저 가마는 옥교란다. 옥교는 정3품 이상 되는 관리의 가족들이 타는데, 그중에서도 여인네들이 타는 가마지."

"저 안에 타고 있으면 누가 누구인지 알 수 없잖아요. 어차피 보이

여인네들의 가마, 옥교

덮개가 있어 벽체와 지붕이 가려져 있는 가마예요. 정3품 이상 관리의 어머니, 처, 딸, 며느리 외에는 탈 수 없어요.

지도 않는데요."

"그래서 간혹 벼슬은 낮지만 돈 많은 집의 부인들이 옥교를 타는 일이 있어. 그런 일이 알려져 사헌부에서 종종 가마를 검사하는데, 이때 신분에 맞지 않게 가마를 탄 것이 들통나면 그 벌로 곤장 80대를 맞는다지."

동이는 한양은 정말 무서운 곳이라는 생각이 들었어요.

'가마 한번 잘못 탔다가 곤장이라니!'

그때 갑자기 궐 안쪽에서 소란스러운 소리가 났어요. 그리고 사람들이 분주히 왔다 갔다 했지요. 동이와 가마꾼도 무슨 일인가 싶어 고개를 빼고 궐문 안을 들여다보았어요.

그러고 나서 얼마 지나지 않아 궐 안에서 화려한 가마 행렬이 나왔어요. 지금까지 본 가마들과는 비교도 되지 않을 정도로 크고 화려했지요. 동이의 눈이 휘둥그레졌어요. 동이는 굳이 가마꾼의 말을 듣지 않아도 누구의 가마인지 알 것 같았어요. 왠지 가슴도 콩닥거리기 시작했지요.

근방에 있던 사람들은 누가 먼저랄 것도 없이 일제히 납작 엎드렸어요. 동이도 알아서 엎드렸지요.

"상감마마 행차요!"

동이의 예상대로 그 가마의 주인공은 임금님이었어요.

'세상에 임금님을 뵙게 되다니!'

임금의 화려한 가마
임금은 가는 곳에 따라 타는 가마가 달랐어요. 평상시에는 연을 타고, 먼 길을 갈 때는 가교를 탔어요.

가교
말을 앞뒤에 한 마리씩 두어 끌게 했어요. 자객을 막기 위해 임금이 가교에 탄 것처럼 꾸며 놓고 임금은 정작 말을 타고 가거나, 임금이 탄 가교 앞에 빈 가교를 한 대 더 두어 위장했어요.

연
붉게 칠하고 황금으로 장식한 화려한 가마예요. 둥근 기둥 네 개로 작은 집을 지어 올려놓고 사방에 붉은 난간을 달았어요.

동이는 흥분을 억누를 수 없어 얼굴까지 달아올랐어요. 고개를 살짝 들어 보니 바로 눈앞으로 임금님의 가마가 지나가고 있었어요. 가마엔 아름다운 문양이며 반짝거리는 구슬, 색색의 술 들이 늘어져 눈이 부실 지경이었지요. 하지만 임금님의 얼굴을 볼 수는 없었어요. 궁금해진 동이가 고개를 쭉 빼고 두리번거리자 가마꾼이 황급히 손을 뻗어 동이의 머리를 숙이게 했어요.

"저 가마는 임금님이 타시는 연이란다. 나는 거의 매일 가마를 메고 궐 앞까지 오지만 임금님의 가마를 본 적이 없는데……. 넌 정말 운이 좋은 아이로구나."

가마꾼도 흥분된 목소리로 속삭였어요. 그런데 운은 그것으로 끝나지 않았어요. 뒤이어 또 한 대의 화려한 가마가 나왔는데, 그 가마는 여덟 명의 가마꾼이 메고 있었어요.

"저건 덩이란다. 공주마마가 타시는 가마지."

가마꾼이 뒤이어 나오는 가마를 보며 동이에게 말해 주었어요. 동이는 공주마마라는 소리를 듣는 순간 심장이 덧는 듯했어요. 세상에 공주마마라니! 자신이 한양까지 온 것도 신기한데, 이곳에서 공주마마까지 뵙게 될 줄은 꿈에도 생각 못 한 일이었어요.

가마 행렬이 모두 지나가자 엎드렸던 사람들은 일어나 모두 제 갈 길을 갔어요. 동이도 임금님과 공주마마의 화려한 가마를 떠올리며 기분 좋게 발걸음을 옮겼답니다.

꼬마 보부상의 여행 일기
여러 종류의 가마

조선 시대에는 양반도 벼슬에 따라 탈 수 있는 가마가 달랐어요.
어떤 종류의 가마가 있었는지 알아보아요.

사인교
정2품 이상의 관리들이 타던 가마예요. 앞뒤에 각각 두 사람씩 모두 네 사람이 멘다고 해서 '사인교'라고 불렀지요.

평교자
종1품 이상의 관리들이 타던 가마예요. 평교자는 지붕이 없어 시원했지만, 햇빛을 막기 위해 하인이 커다란 햇빛 가리개를 들고 따라다녔어요.

남여
정3품 이상의 관리들이 타던 지붕이 없는 작은 가마예요. 의자와 비슷하고, 위를 덮지 않아 주로 산길 등 좁은 길을 갈 때 이용했어요.

초헌
종2품 이상의 관리가 타던 외바퀴가 달린 가마예요. 두 개의 긴 채가 달려 있어 앞뒤에서 사람이 잡아끌고 밀게 되어 있어요.

보교
품계와 관계없이 타던 가마예요. 네 기둥을 세워 사면으로 휘장을 둘렀고, 지붕은 정자 지붕 모양이에요. 출근하는 대관들은 물론 그 아들의 행차에도 널리 사용되었어요.

> 봉수

낮엔 연기로,
밤엔 횃불로

　　　　　동이는 한양 구경을 더 하고 싶었지만 더 이상 시간을 지체할 수는 없었어요.
　그래서 부지런히 걷고 있는데, 저 앞산에서 연기가 풀풀 올라오는 것이 보였어요.
　'산에서 연기가 나는 걸 보니 산불이 틀림없는데……'
　얼마 전 동이네 마을 뒷산에도 불이 나서 산 전체가 타 버린 일이 있었거든요. 동이는 아버지에게 돌아갈 일도 바쁘지만, 산불을 끄는 일이 더 급하다고 생각했어요. 그래서 연기가 나는 산으로 서둘러 올라갔어요.
　숨이 턱에 찰 정도로 헉헉대며 산꼭대기에 올라가자, 웬 남자가 불을 때며 굴뚝으로 연기를 피워 올리고 있었어요.

"휴, 다행이에요. 저는 산불이라도 난 줄 알고 올라왔어요."

"넌 어디서 왔기에 목멱산 봉수도 모른단 말이냐?"

"봉수라고요?"

동이는 난생처음 들어보는 말이었어요.

"너 한양에 처음 온 게로구나."

그 남자는 동이를 아래위로 훑어보고는 말했어요.

"봉수란 나라의 위급한 소식을 임금님께 전하는 신호란다. 내가 한눈이라도 파는 날에는 중요한 소식이 임금님께 전해지지 못하지."

낮엔 연기, 밤엔 횃불로 소식을 전하는 봉수
봉수의 '봉'은 횃불, '수'는 연기를 뜻해요. 환한 낮에는 연기로, 깜깜한 밤에는 횃불로 소식을 전했어요.

봉졸
봉화 올리는 일을 맡아 보는 군사로, 근처에 사는 백성을 모집하여 봉졸로 삼았어요.

봉수대
각 지방의 높은 산봉우리에 만든 봉수대에서 봉화를 올렸어요.

그 남자는 굉장히 중요한 일을 하는 듯이 말했어요. 동이가 보기에는 그저 아궁이에 불이나 때는 일인데, 그게 무슨 신호가 된다는 건지 알 수가 없었지요.

"난 이 봉수대에서 근무하는 봉졸이야. 봉수군이라고도 해."

봉졸은 자랑스럽게 자신의 신분까지 밝혔어요. 하지만 동이는 봉수대고, 봉졸이고, 무슨 소린지 하나도 알아들을 수가 없었어요.

동이의 표정을 살핀 봉졸은 답답하다는 듯 말을 이었어요.

"봉수는 갑자기 외적이 쳐들어오거나 나라에 위급한 일이 생겼을 때 횃불이나 연기를 피워 임금님께 소식을 전하는 거야. 낮에는 연기를 피우고, 밤에는 연기가 보이지 않으니 횃불로 신호를 보낸단다."

동이는 봉졸의 설명을 듣고 보니 봉수가 나라의 중요한 일이라는 것을 알 것 같았어요. 봉졸이 으스댈 만도 했지요.

"그런데 이렇게 중요한 일을 왜 혼자 하시는 거예요?"

동이는 넓은 봉수대에 봉졸이 한 명뿐인 것이 이상해서 물었어요.

"그럴 리가 있겠느냐? 봉수대에는 나 같은 봉졸이 다섯 명이나 있단다. 그 위엔 봉졸들을 통솔하는 오장님이 계시지. 마침 다른 봉졸들은 땔감을 가지러 갔고, 오장님은 봉수대의 상황을 봉수군장님께 보고하러 가셨단다."

동이는 봉수대에 굴뚝이 다섯 개나 되는 것을 보았어요.

"굴뚝이 다섯 개나 되는데 왜 다른 굴뚝에는 연기를 올리지 않나요?"

"굴뚝 다섯 개에서 연기가 오르면 큰일이지. 나라에 외적이 쳐들어와 전쟁이 벌어졌다는 뜻이니까. 오늘처럼 아무 일도 없이 평화로울 때에는 한 개의 굴뚝에만 횃불이나 연기를 피우면 돼."

봉졸은 봉수대에 올려지는 횃불과 연기의 숫자를 보면 나라에 얼마나 위급한 일이 벌어졌는지 알 수 있다고 설명해 주었어요.

"저는 이만 내려가겠습니다."

산불이 아닌 것을 알았으니 갈 길이 바쁜 동이는 그만 가야겠다고 생각하고 봉졸에게 인사를 했어요. 그런데 돌아서서 몇 발짝 떼지 않아 동이는 물렁한 뭔가를 밟았어요. 왠지 좋지 않은 느낌이 전해졌지요. 아니나 다를까 발밑을 내려다보니 동물의 똥이 한 무더기 쌓여 있었어요.

"봉수대처럼 중요한 곳에 이렇게 동물 똥이나 뒹굴게 하면 어떡해요."

똥을 밟은 동이가 투덜대자 봉졸이 기가 막힌다는 듯이 말했어요.

"그건 연기를 낼 때 쓰는 거야. 나뭇가지 위에 동물의 똥을 얹어 태우면 연기가 진해져서 멀리서도 잘 보이거든."

동이는 아무것도 모르고 투덜댄 것이 미안하기는 했지만 궁금한 것을 참을 수는 없었어요.

"날씨가 흐린 날에는 아무리 동물의 똥을 얹어 태운다 해도 연기가 잘 안 보일 텐데 그럴 때는 어떡해요?"

"만약 구름이 많이 끼거나 비바람이 심하게 불어서 연기로 신호를 보낼 수 없을 때에는 봉졸이 직접 달려가서 보고를 하기도 하지. 봉졸이 게으름을 피우거나 봉수대 관리를 소홀히 하여 전달이 늦어지면 큰일이거든. 봉졸은 아주 고된 일이란다."

아까와는 달리 봉졸의 목소리에 힘이 빠졌어요.

"게다가 적이 나타났거나 국경 가까이에 왔는데 봉졸이 봉수를 올리지 않았다면 볼기 60~100대에 이르는 장형에 처한단다. 또 적이 침입을 했는데 보고하지 않으면 사형에 처하기도 하지."

동이가 똥을 밟는 바람에 이야기는 계속 이어졌어요.

"우리나라에 이런 봉수대가 얼마나 있어요?"

"대략 640개가 넘지. 국경에 있는 봉수대에서 다음 봉수대로 전달하고, 또 다음 봉수대로 전달해서 임금님이 계신 한양까지 전해지는 거야. 함경도나 평안도의 국경 지역에서 오후에 봉화를 올리면 해 질 무렵에 아차산 봉수대에 도달한단다. 보통 12시간이면 전국 어느 곳에서 보낸 신호든지 한양에 도달하게 되어 있지."

봉졸은 이야기를 하면서도 아궁이에 계속 나뭇가지를 넣어 불이 꺼지지 않게 살폈어요. 동이는 이젠 정말 내려가야겠다며 봉졸에게 인사를 했어요.

그런데 동이가 막 내려오기 시작한 지 얼마 되지 않아 멀리 남쪽의 산꼭대기에서 갑자기 다섯 개의 연기가 올라오는 것이 보였어요. 동이는 그게 무엇을 뜻하는지 잘 알았지요. 순식간에 동이는 발길을 되돌려 봉수대로 뛰어 올라갔어요. 이런 위급한 상황에 봉수대엔 봉졸이 한 명뿐이고, 일이 잘못되면 볼기를 맞거나 사형이라는 말도 생각났지요.

짐작했던 대로 봉졸은 혼자서 허둥지둥 아궁이마다 불을 피우느라 정신이 없었어요. 한두 개도 아니고 다섯 개나 불을 붙여야 하니 상황이 다급했지요.

"큰일이 벌어진 것 같구나. 천림산 봉수대에 연기가 다섯 개나 올랐어. 우리도 빨리 연기를 피워야 하니 나 좀 도와 다오."

다급한 봉졸은 동이에게도 일을 시켰어요.

동이도 얼떨결에 봉졸이 시키는 대로 아궁이마다 나뭇가지를 나르고, 동물의 똥을 얹었어요. 봉졸은 빠른 손놀림으로 아궁이마다 불을 피웠지요. 다행히 순식간에 다섯 개의 굴뚝에 연기를 피워 올릴 수 있었어요.

"네가 없었으면 나 혼자 큰 낭패를 볼 뻔했구나."

조선 팔도의 봉수대

전국에 있는 봉수대는 위치에 따라 세 가지로 구분해요.

내지 봉수
경봉수와 연변 봉수를 연결하는 중간 봉수로, 대다수를 차지하는 봉수예요.

연변 봉수
바닷가와 국경 지대에 있는 봉수예요.

경봉수
한양에 있는 봉수로, 전국의 모든 봉수가 집결하는 중앙 봉수예요. 목멱산에 있다고 해서 '목멱산 봉수' 또는 '남산 봉수'라고도 해요.

봉졸은 이마의 땀을 훔치며 동이에게 고맙다는 말을 여러 번 했어요. 동이는 뭔가 중요한 일을 해낸 것 같아 어깨가 으쓱했어요. 그런데 가만 생각해 보니 그렇게 좋아할 일이 아니었어요. 연기가 다섯 개라는 것은 외적이 쳐들어왔다는 뜻이니까요. 동이는 어서 아버지에게 돌아가야 하는데 전쟁이 일어난 통에 제대로 갈 수 있을지 걱정이었어요.

꼬마 보부상의 여행 일기
모든 신호는 목멱산 봉수대로!

전국의 봉수는 5개 주요 봉수로를 통해 한양에 있는 목멱산 봉수대로 모여요. 봉수는 전국 어디에서 피워 올려도 약 12시간 안에 한양에 도착한답니다.

무악산 서봉수대
현재 서울특별시 서대문구 봉원동 무악산 정상에 있었던 봉수대예요.
(제4 봉수로 : 평안도 의주 → 황해도 → 경기도 → 무악산 서봉수 → 목멱산 봉수대)

목멱산 봉수대
조선 시대 한양 목멱산(남산)에 있던 중앙 봉수예요. 전국의 모든 봉수가 최종적으로 전달되는 봉수대지요. 봉수군장이 봉수대의 이상 유무를 병조에 보고하면, 병조에서는 매일 새벽 승정원에 알려 임금에게 보고했어요.

파발

나라의 소식을 알리는 사람들

　　　　　동이는 오는 길에 장이 서는 곳에 들러 물건을 팔았어요. 얼마 되지는 않지만 혼자 힘으로 처음 돈을 번 날이라 동이는 한껏 들뜬 마음으로 기분 좋게 걸어가고 있었어요. 그런데 그때 어디서 나타났는지 말을 탄 사람이 동이 옆을 쌩하니 지나갔어요. 동이는 그 서슬에 놀라 그만 뒤로 주저앉고 말았지요.

"여기는 한양도 아닌데……."

동이는 바지를 툭툭 털고 일어나면서 구시렁거렸어요.

"파발이 지나가면 얼른 길을 비켜섰어야지."

"파발이요?"

"파발은 나라의 중요한 소식을 전하는 일이란다."

나라의 급한 소식을 전하는 파발

파발은 임금의 명령을 지방 관리에게 전하거나, 국경 지방의 소식을 임금에게 알리는 데 이용되었어요. 파발꾼은 창, 방패, 회력을 가지고 가는데, 회력은 도착 시간을 알리는 시간표로서 늦지 않았는지 검사하기 위한 거예요.

기발
말을 타고 가서 소식을 전해요.

보발
사람이 빠른 걸음으로 걸어가서 소식을 전해요.

한 남자가 주막 안으로 들어가며 말했어요.

그런데 가만 보니 그 주막은 동이가 그동안 본 주막과는 좀 달랐어요. 일단 규모가 훨씬 크고, 한쪽에는 마구간도 보였어요.

동이는 어차피 저녁도 먹고 하룻밤 쉬어 갈 곳이 필요해서 그 남자를 따라 주막으로 들어갔어요.

"여긴 너 같은 어린아이가 오는 곳이 아니란다."

그 남자는 뒤도 돌아보지 않고 동이에게 말했어요.

동이는 얼른 괴나리봇짐에서 돈을 한 냥 꺼내 보였어요.

"한 냥이 아니라 열 냥을 내도 소용없어."

"여긴 주막이 아닌가요?"

동이가 이상하다는 듯 물었어요.

"여긴 역참이라는 곳이야. 파발을 전하는 파발꾼들이 먹고 자는 곳이란다. 말을 바꿔 타거나 임무를 교대하기도 하지."

"그럼 아저씨는 파발꾼이세요?"

그러자 남자는 대답 대신 뒤를 돌아 동이를 찬찬히 살펴보았어요.

"꼬마 보부상이로구나."

"예. 장에서 물건을 팔고 돌아가는 길인데, 밥도 먹고 잠잘 곳도 필요해서요."

"그래, 나는 파발꾼이란다. 이곳은 내가 속해 있는 곳이니 역리에게 네 사정을 말해 보마."

파발꾼의 도움으로 동이는 역참에서 하루 묵어갈 수 있게 되었어요. 역참에는 파발꾼들이 여럿 대기하고 있었고, 마구간에는 말들도 여러 마리 있었어요.

동이는 파발꾼과 함께 평상에 앉아 이른 저녁을 먹었어요. 그러는 사이에도 계속해서 파발꾼들이 도착하고 떠났어요. 그런데 어떤 이는 말을 타고 오고, 어떤 이는 걸어왔어요. 이상하게 여긴 동이가 파발꾼에게 까닭을 물어보았어요.

"말을 타고 전하는 것을 기발이라 하고 사람이 직접 걸어가

피각대

파발 문서는 봉투에 넣어 봉한 다음, 관의 도장을 찍어 피각대라는 통에 넣었어요.

서 전달하는 것을 보발이라고 해. 모두 말을 타면 빠르고 편하겠지만, 말이 귀한 데다가 관리하는 데도 돈이 많이 들기 때문에 아주 급한 일이 생기는 국경 지대를 빼고는 파발꾼이 빠르게 걸어가서 파발 문서를 전한단다."

한 파발꾼이 걸어와서 역참에 있던 다른 파발꾼과 임무 교대를 했어요. 임무 교대는 들고 온 작은 통을 넘겨주는 것인데, 통을 넘겨받은 파발꾼은 서둘러 출발했지요.

"저 통은 피각대라고 하는데, 피각대 안에 전달해야 할 문서가 들어 있지. 그리고 문서가 들어 있는 봉투에 동그라미를 그려 소식의 급한 정도를 표시했단다."

"동그라미로 어떻게요?"

"봉투에 동그라미 한 개가 그려져 있으면 보통 문서이고, 동그라미가 두 개면 약간 급한 문서, 동그라미가 세 개인 것은 나라에 위급한 일이 생겼다는 뜻이지."

지금은 외적이 쳐들어온 위급한 상황이라 동그라미가 세 개 그려진 문서를 가지고 가는 것이라고 했어요.

"그럼 파발꾼은 문서에 무슨 내용이 쓰였는지 알고 있나요?"

"문서는 절대 중간에 열어 보아서는 안 되기 때문에 파발꾼이 문서

내용을 알 수는 없어. 그런데 문서를 늦게 전하거나 문서를 파손하면 엄벌에 처해지기도 하지."

그때 말을 타고 온 사람이 들어와서 마패를 내보이자, 역참을 관리하는 역리가 말을 갈아탈 수 있게 해 주었어요. 말도 먼 길을 달려오면 지치기 때문에 다른 말로 갈아타는 것이라고 했어요.

"저건 마패란다. 마패에는 말이 한 마리에서 열 마리까지 그려져 있는데, 마패에 그려져 있는 말의 수만큼 파발마를 사용할 수가 있지."

"마패가 없으면 말을 바꿔 탈 수 없겠네요."

마패
역참에서 말을 빌릴 때 내보이던 표예요. 관리들이 지방으로 출장 갈 때 나라에서 내주었지요. 조선 후기에는 마패가 암행어사의 증표로도 사용되었어요.

"그렇지. 마패를 가진 사람만이 역참에 있는 말을 사용할 수 있단다."

밥이 입으로 들어가는지 코로 들어가는지 알 수 없을 만큼 역참은 도착하고 떠나는 사람들로 북적거렸어요.

늦은 밤이 되자 분주하던 역참도 조용해졌지요.

"이제 그만 잠자리에 들거라."

동이와 파발꾼이 막 잠자리에 들려던 참이었어요.

"파발이오."

밖에서 누군가 급히 뛰어 들어오는 소리가 들리더니, 곧이어 역리가 방문을 두드렸어요.

"지금 바로 파발을 교대해 주어야겠소. 어서 출발하시오."

자리에 누웠던 파발꾼은 서둘러 옷을 챙겨 입고 밖으로 나가 피각대를 넘겨받고는 막 출발하려 했어요.

동이도 재빨리 파발꾼을 쫓아 밖으로 나왔지요.

"파발꾼 아저씨, 저도 따라가면 안 될까요?"

"그럴 수는 없단다. 나는 아주 빠르게 걷거든. 너는 여기서 하룻밤 보내고, 네가 가던 길을 가거라."

파발꾼은 역참을 나서서 빠르게 걸었어요. 동이도 재빨리 짐을 챙겨 파발꾼을 따라나섰어요. 물론 파발꾼 모르게 뒤를 쫓았지요. 동이는 어디서 그런 용기가 생겼는지 스스로도 놀랐어요. 하지만 파발꾼을 따라가 보고 싶다는 마음에 몸이 절로 움직였지요.

　파발꾼은 걸음이 어찌나 빠른지 마치 달려가는 것 같았어요. 동이는 자칫 파발꾼을 놓칠까 부지런히 따라붙었지요. 동이도 그동안 쉬지 않고 걸어온 탓에 아버지의 말대로 이젠 제법 다릿심이 붙은 듯했어요. 파발꾼은 어둠 속에서도 익숙하게 길을 잘 찾아갔어요.

　'악!'

　그런데 갑자기 파발꾼의 비명 소리가 들렸어요. 서두르다 내리막길에서 발을 헛디뎌 언덕 아래로 구른 거예요. 동이는 재빨리 다가가 파발꾼을 부축했어요.

　"아저씨 괜찮으세요?"

　"아니, 어떻게 네가 여기를?"

　파발꾼은 갑자기 나타난 동이를 보고 깜짝 놀랐어요.

　"아저씨와 같이 가 보고 싶어서 몰래 쫓아왔어요."

　파발꾼은 급한 마음에 벌떡 일어섰지만 다리가 제대로 움직여지지 않아 도로 주저앉고 말았어요.

　"이거 큰일이로군. 한시바삐 전해야 할 소식일 텐데."

　그때 파발꾼이 동이를 바라보았어요.

　'설마…….'

　동이는 말도 안 되는 일이라고 생각했어요.

　"네가 이 피각대를 가지고 가야겠다. 아무래도 나는 빨리 걸을 수 없을 것 같구나."

"하지만 저는 길도 모르는걸요."

동이는 자신 없는 목소리로 말했어요.

"이제 절반은 왔단다. 그리고 길이 그리 어렵지 않으니 괜찮을 거야. 파발은 나라의 중요한 일이라 다음 역참까지 빨리 전해야 해. 어린 네게 이런 큰일을 맡겨서 미안하지만, 지금으로서는 너한테 부탁하는 수밖에 없구나."

파발꾼에게는 자신의 몸보다 파발이 더 중요한 듯했어요.

"이 길을 따라 곧장 가면 다시 고개가 하나 나타날 게다. 그 고개를 넘으면 바로 역참이 보이니 그곳에 가서 내 사정을 이야기하고 이 피각대를 전하거라. 피각대를 보면 네 말을 믿을 게야."

동이는 두려운 마음도 있었지만, 혼자서 한양까지 갔던 걸 생각하면 그리 어려울 것도 없겠다는 생각이 들었어요. 더구나 나라의 중요한 소식이라니 한시라도 빨리 전해야 할 것 같았지요.

동이는 피각대를 받아 들고 혼자 어둠 속 고갯길을 향해 뛰어갔어요. 예전 같으면 상상도 못 할 일이었지만 어쩐지 힘이 솟는 것도 같았지요. 그리고 지금 하고 있는 일이 나라의 중요한 일이라 생각하니 가슴이 벅차오르기도 했어요.

파발꾼의 말대로 곧장 가니 고개가 나타났어요. 이번엔 힘들이지 않고 고갯마루까지 단숨에 올라갔지요. 아버지와 함께 고개를 넘던

때보다 힘도 덜 들었어요. 동이는 피각대를 손에 단단히 쥐고는 부지런히 고개를 넘어갔어요. 어둠이 무서울수록 동이의 발걸음은 점점 더 빨라졌지요.

그때 멀리서 작은 불빛이 보였어요. 파발꾼이 말한 바로 그 역참이었어요.

꼬마 보부상의 여행 일기
파발을 돕는 역참

파발이 지나는 일정한 거리마다 역참이 있었어요.
역참에서는 교대할 사람과 말을 준비해 놓았다가 나라의 급한 소식을 빨리 전할 수 있도록 도왔어요. 또한 파발꾼에게 식사와 잠자리도 제공했어요.

파발마
파발을 전하는 사람을 태우는 말이에요. 파발을 전하려면 며칠씩 걸리기 때문에 역참마다 말 5필을 두어 지친 말을 바꿔 탈 수 있도록 했어요.

파발 문서
문서는 봉투에 넣어 봉하고 관인을 찍은 다음, 피각대에 넣어 전달했어요.

파발꾼
파발을 전하는 사람이에요. 빠르게 걸어가서 소식을 전하는 보발꾼과 말을 타고 가서 전하는 기발꾼이 있어요.

역리
역참의 숙박 시설과 말을 관리하는 일뿐만 아니라, 외국에서 온 사신을 맞아 접대하는 일, 나라의 물자를 나르는 일도 했어요.

신호연
우리에게 후퇴란 없다!

동이는 밤새 부지런히 걸어 해가 뜨기 전에 다음 역참에 도착했어요. 무사히 피각대를 전하며 그간의 사정을 이야기하자 역참에 있던 사람들은 모두 놀라며 동이에게 장한 일을 했다고 칭찬해 주었지요.

이제 동이는 배에 힘도 들어가고 어깨도 활짝 펴고 걷게 되었어요. 더 이상 주눅 들거나 기가 죽어 있던 예전의 동이가 아니었어요. 먼 길을 가는 동안 사람들과 부딪치면서 동이의 마음도 크고 단단해졌답니다.

동이는 주막에서 기다리고 있을 아버지에게 어서 돌아가기 위해 발걸음을 서둘렀어요. 예상보다 많이 늦어졌거든요.

그런데 한참을 걷다 보니 뭔가 이상하다는 생각이 들기 시작했어요. 아마도 어디선가 샛길로 잘못 들어선 것 같았어요. 길은 점점 좁아지며 외진 곳으로 이어졌지요. 지나가는 사람조차 없었어요. 그렇게 걷다 보니 어느새 한나절이 다 지나갔어요.

그때 저쪽 하늘에 연이 날아오른 것이 보였어요. 그 연은 하늘로 날아오르더니 얼마 못 가 그만 땅으로 떨어졌어요. 모양은 방패연인데 아이들이 흔히 가지고 놀던 것과는 달라서 동이는 자기도 모르게 그쪽으로 발길이 옮겨졌어요. 빨리 가서 땅에 떨어진 연을 주울 생각이었지요.

연의 역사

서양에서는 기원전 400년경에 연을 처음으로 만들었다고 해요. 동양에서는 기원전 200년경에 중국 한나라 때의 장수 한신이 군사적인 목적으로 연을 사용했다는 기록이 있어요. 우리나라에서는 신라 때 김유신이 큰 연에 허수아비를 달고 불을 붙여 날려 보냄으로써 떨어진 별이 다시 솟아오르는 듯 보이게 하여 병사들의 사기를 북돋웠다고 해요.

풀숲 한가운데 떨어진 연을 주워 이리저리 살펴보니 모양도 색다른 데다 튼튼하게 잘 만들어진 연이었어요. 동이는 그 연을 가져가면 혼자 가는 길이 심심하지 않을 것 같았지요. 그때였어요.

"게 섰거라! 어디 감히 연에 손을 대느냐?"

저 멀리서 군사 한 명이 소리를 지르며 달려왔어요.

'참, 이젠 연까지 조심해야 하나?'

동이는 기가 막혔어요. 땅에 떨어진 연을 주웠을 뿐인데 큰 죄를 지은 것 마냥 호통을 듣는 것이 억울했지요.

숨을 헐떡이며 다가온 군사는 동이의 손에서 연을 휙 낚아챘어요.

"그건 제가 땅에 떨어진 것을 주운 거라고요."

동이는 겁도 없이 군사에게 큰소리로 따졌어요.

군사는 연을 살피더니 망가지지 않아 다행이라는 듯 안도의 한숨을 내쉬며 말했어요.

"이곳은 왜적과 전쟁이 벌어지는 위험한 곳이란다. 어찌하여 어린 아이가 여기까지 왔느냐?"

"이곳이 전쟁터라고요?"

동이가 깜짝 놀라 물었어요. 어쩐지 걸어오는 내내 사람이 없어도 너무 없다 했어요. 그러자 군사는 동이를 찬찬히 살폈어요.

"꼬마 보부상이 먼 길을 온 모양이구나."

"예. 아버지의 심부름을 다녀오는 길입니다."

"전투가 막 시작되어 이 근방은 모두 위험하단다. 너 같은 어린아이가 함부로 다닐 곳이 아니야."

"저는 아버지를 만나러 가야 해요. 아버지가 저를 기다리고 계시거든요."

"그래도 지금은 위험하니 전투가 한고비 지나가거든 그때 떠나거라. 일단은 나와 함께 우리 진영으로 돌아가자."

동이는 위험하단 말에 군사를 따라갈 수밖에 없었어요.

군사들이 진을 치고 있는 곳에는 각양각색의 연들이 널려 있었어요. 한 무리의 군사들은 연에 그림을 그려 넣기도 하고, 연을 손질하기도 했어요.

수많은 연을 본 동이는 눈이 휘둥그레졌지요. 전쟁터라면 으레 칼이나 창 같은 무기들만 있을 줄 알았는데, 이곳엔 칼보다 연이 더 많았어요.

"연이 무기라도 되나요?"

동이가 군사에게 궁금해서 물었어요.

"이 연은 신호연이야. 신호연은 전쟁을 할 때 암호 전달을 위해 사용한단다. 이곳은 작전 명령이 떨어지면 그 명령에 따라 신호연을 띄워 올리는 곳이지."

그때 수리당가리연을 올리라는 명령이 떨어졌어요. 군사는 그 소리를 듣자마자 연 중에서 붉은 원이 네 개 들어 있는 연을 찾아 얼레를 풀어 연을 띄워 올렸어요. 순식간의 일이었지요.

군사는 이번에는 실수를 하지 않으려는 듯 얼레를 잡은 손에 잔뜩 힘을 주었어요.

"이제 곧 전투가 벌어질 게다."

"그걸 어떻게 알아요?"

동이가 신기해서 물었어요.

"수리당가리연은 적을 정찰하라는 명령을 의미해. 적을 정찰한 후에는 공격 명령이 떨어지지."

동이는 신호연이 봉수나 파발 못지않게 중요한 통신 수단임을 깨달았어요. 특히 전쟁터에서 명령을 빨리 전달하는 데는 아주 쓸모가 있어 보였어요.

"신호연은 이순신 장군이 만드셨어. 그전에는 싸울 때 주로 깃발로 명령을 내렸는데 깃발 신호는 군사들이 못 보는 경우가 많아 명령이 제대로 전달되지 않을 때가 많았지. 그래서 신호연을 만들게 되었어. 연을 하늘로 띄워 올리면 먼 곳에 있는 군사들도 다 볼 수가 있거든."

"그럼 연의 모양에 따라 어떤 암호를 뜻하는지 미리 정해 놓은 거예요?"

"연마다 각각의 명령을 뜻하는 신호를 그림으로 그려 넣었지. 군사들은 미리 신호연의 모양을 외웠기 때문에 명령에 따를 수 있단다."

군사 작전을 전달한 신호연

방패연에 여러 가지 문양을 넣어 만든 연이에요. 임진왜란 때 이순신 장군이 만들어 군사 작전을 전달하는 데 사용했어요. 드넓은 바다에서 조선 수군들을 일사불란하게 움직이게 했던 신호연은 거북선과 함께 임진왜란을 승리로 이끄는 데 큰 역할을 했어요.

"휴, 싸우는 것도 힘들 텐데 신호까지 외워야 하다니!"

군사는 신호연의 모양에 담긴 뜻을 하나하나 설명해 주었어요.

"모양이 여러 가지이긴 하지만 거기엔 어느 정도의 규칙이 있단다. **신호연에는 5방위를 상징하는 우리나라 전통 색상인 오방색이 사용되는데, 노랑은 중앙, 파랑은 동쪽, 하양은 서쪽, 빨강은 남쪽, 검정은 북쪽을 뜻하지.**"

"그러니까 연이 파란색이면 동쪽과 관계된 명령이라는 거죠?"

"말귀를 잘 알아듣는구나. 그러니까 청외당가리가 올라가면 동쪽

신호연의 종류

신호연은 연에 그려 넣은 무늬에 따라 전달하는 의미가 달랐어요. 각 무늬는 작전과 관련된 암호를 담고 있지요.

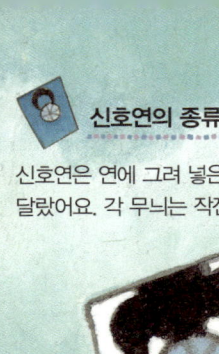

치마고리 - 태풍 시 군선의 뱃머리를 남쪽으로 두고 뱃줄을 짧게 매라.

긴고리 - 태풍 시 군선의 줄을 길게 매라.(야간)

짜린고리 - 태풍 시 군선의 줄을 짧게 매라.(야간)

수리당가리 - 적을 정찰하라.

기바리 - 맞붙어 싸워라.(야간)

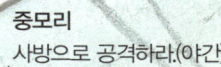

중모리 - 사방으로 공격하라.(야간)

청외당가리 - 동쪽을 공격하라.

홍외당가리 - 남쪽을 공격하라.

위갈치당가리 - 오전 전투를 개시하라.

아래갈치당가리 - 오후 전투를 개시하라.

된방구쟁이 - 달이 뜨면 공격하라.

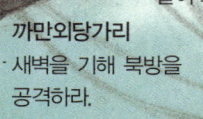

까만외당가리 - 새벽을 기해 북방을 공격하라.

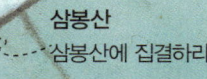

삼봉산 - 삼봉산에 집결하라.

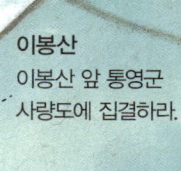

이봉산 - 이봉산 앞 통영군 사량도에 집결하라.

을 공격하라는 뜻이지."

그때 또 명령이 전달되었어요. 치마고리와 홍외당가리를 동시에 올리라는 명령이었지요. 군사의 손길이 바빠졌어요.

"전투가 본격적으로 시작된 것 같구나."

동이는 곁에 섰다가 군사들의 잔심부름을 했어요. 연을 띄우는 일도 간단하지는 않았어요. 계속 서서 하늘을 바라보면서 연줄이 꼬이거나 끊어지지 않도록 조종을 잘해야 했지요.

그러다 보니 어느새 날이 저물어 캄캄한 밤이 되었어요. 동이는 이제 일이 다 끝난 줄 알고 좋아했어요. 그러나 명령은 계속 바뀌면서 전달되었지요.

"한밤중에도 연을 띄우나요? 어차피 보이지도 않을 텐데요."

"밤에 사용하는 연은 따로 있어. 밤에는 어둠 속에서도 잘 보이는 무늬와 색으로 만든 연을 띄운단다."

그때 뒤에서 누군가가 "된방구쟁이!"라고 소리쳤어요. 동이는 깜짝 놀랐어요. 방금 전에 몰래 방귀를 한 번 뀌었는데 그걸 들켰구나, 생각했지요.

"사실은 제가 방귀를 뀌었어요."

그러자 군사가 배를 잡고 껄껄 웃었어요.

"그건 방귀를 뀌었다고 놀리는 것이 아니라 된방구쟁이라는 연을 올리라는 명령이야. 된방구쟁이는 달이 뜨면 공격하라는 뜻이란다. 이제 곧 달이 떠오를 테니 치열한 전투가 시작되겠구나."

동이는 신호연이 바뀔 때마다 그 모양과 신호를 열심히 익혔어요. 그런데 신호연에 한 가지 이상한 점이 있다는 것을 발견했어요. 신호연에는 공격 명령만 있고, 후퇴 명령은 없는 거예요.

"신호연에는 왜 후퇴 명령이 없어요?"

"거기엔 이순신 장군님의 깊은 뜻이 들어 있어. 전쟁에서 후퇴란 곧 나라를 포기하는 것이므로 어떤 상황에서도 물러서지 않고 목숨을 다해 싸우자는 뜻이란다. 그래야 전쟁에서 이길 수 있다는 거지."

동이는 목숨을 걸고 나라를 지키고자 했던 이순신 장군의 비장함

신호연에 사용된 오방색

신호연에는 우리나라 전통 색상인 오방색이 사용되었어요. 오방색은 다섯 방위를 상징하는데, 노랑은 중앙, 파랑은 동쪽, 하양은 서쪽, 빨강은 남쪽, 검정은 북쪽을 뜻해요.

오방색

에 저절로 고개가 숙여졌어요.

그러는 사이 날이 밝아 왔어요. 더 이상 신호연에 대한 명령이 떨어지지 않았어요. 이어서 이순신 장군이 거북선으로 왜적을 물리쳤다는 승리의 소식이 전해졌지요.

동이와 군사는 서로 바라보며 환하게 웃었어요. 밤을 새워 신호연을 띄운 피곤함도 한순간에 사라지는 듯했지요. 장군의 공격 명령을 빨리 전달한 신호연도 승리에 한몫을 했다는 소식도 들렸어요. 동이는 가슴이 벅차올랐어요.

하지만 마냥 기뻐하고만 있을 수는 없었어요.

'아차, 큰일이다. 아버지는 얼마나 걱정을 하고 계실까?'

꼬마 보부상의 여행 일기
전쟁에 사용된 통신 수단

전쟁터에서 작전 명령을 전달하는 데 여러 가지 통신 수단이 활용되었어요. 어떤 방법으로 통신을 했는지 알아볼까요?

효시
화살촉에 소리통이 달려 있어 날아갈 때 높고 날카로운 소리를 내는 화살이에요. 전투의 시작을 알리는 신호용으로 쓰였어요.

신기전
신기전은 신호용으로 사용하거나 전쟁에서 무기로 사용되었어요. 그런데 화약의 추진력으로 화살을 빠르고 멀리 보낼 수 있어서 무기보다는 통신 수단으로 널리 사용되었어요. 신기전을 쏘아 올리는 개수와 방향, 발사 간격에 따라 각각 신호를 정해 놓고 전투에 이용했어요.

용고

북은 가장 오래된 통신 수단 가운데 하나예요. 주로 가까운 거리에서 소리를 통해 외적의 침입이나 급박한 상황을 알리는 데 이용되었지요. 옛날 군대에서 신호용으로 만든 북을 '용고'라고 하는데, 북통에 둥근 쇠고리가 달려 있고, 꿈틀대는 용이 그려져 있어요.

징

북과 함께 전쟁터에서 통신 수단으로 쓰였어요. 징은 뒤로 물러나라는 명령을 전할 때 사용했어요.

> 편지

사람 편에
주고받은 소식

　　　　　동이의 등짐은 별로 줄어들지 않았어요. 가는 길에 장에 들러 물건을 마저 팔아야 아버지에게 당당하게 돌아갈 수 있을 것 같았어요.

　그때 멀리 주막이 보였어요. 장에 가서 장사를 하려면 먼저 속이 든든해야 하므로 국밥이라도 먹어야겠다고 생각했지요.

　"여기 국밥 한 그릇 주세요."

　동이는 등짐을 내려놓고 자리에 앉았어요.

　그때 주막으로 방물장수가 들어섰어요. 그러자 반가운 마음에 주모는 국밥을 뜨다 말고 국자를 든 채 뛰어나왔어요.

　"왜 이리 오랜만에 오신 거유?"

물건도 팔고, 편지도 전해 주는 방물장수

방물장수는 거울, 빗, 패물, 연지, 분 등 여자들이 쓰는 물건을 들고 다니며 파는 나이 든 아낙이에요. 방물장수는 이 마을 저 마을 떠돌며 물건을 팔러 다녔는데, 여자들은 방물장수에게 물건도 사고, 친정집이나 친지들에게 보내는 편지를 맡기기도 했어요.

"나라 안이 뒤숭숭하니 나 같은 방물장수도 마음 놓고 나다니기가 어렵다우."

방물장수는 자리에 앉기가 무섭게 보따리를 풀었어요. 보따리 안에서는 연지며 분, 비녀, 거울 같은 물건들이 나왔지요. 아기자기한 물건들이 보이자 동이도 자연스레 눈길이 갔어요.

"지난번에 부탁한 연지 가져왔다우."

방물장수가 주모에게 연지를 내밀자 주모는 흐뭇한 표정이 되어 국밥 차리는 것도 잊은 듯 연지를 살피더니, 다른 물건들도 이것저것 만져 보고 구경하느라 정신이 없었어요.

"아차, 내 정신 좀 보게. 잠깐 기다리시우. 내 얼른 따끈한 국밥이라도 내올 테니."

주모가 연지를 가지고 부엌으로 들어가자 방물장수는 다시 주섬주섬 보따리를 쌌어요. 그런데 그때 웬 봉투 하나가 바닥으로 툭 떨어졌어요. 방물장수는 그것도 모른 채 보따리를 묶었지요.

"아주머니, 이게 떨어졌어요."

동이는 땅에 떨어진 봉투를 주워 방물장수에게 전해 주었어요.

"에구머니! 큰일 날 뻔했네. 옆 마을 옥천댁한테 전해야 할 편지인데. 정말 고맙구나."

"인사 받을 만한 일은 아닙니다."

동이가 의젓하게 말하자, 방물장수는 그제야 동이를 찬찬히 살피더니 말했어요.

"꼬마 보부상인가 보구나."

"예. 아버지의 심부름을 다녀오는 길입니다."

방물장수가 기특하다는 표정으로 동이를 바라보자, 동이는 궁금한 것을 물었어요.

"방물장수가 편지도 전해 주나요?"

"내가 이 마을 저 마을 떠돌다 보니 사람들이 종종 내게 편지를 전해 달라고 맡긴단다. 양반들은 대개 하인을 통해 편지를 전하지만 일반 백성들이 소식을 전할 일이 있을 땐 나 같은 방물장수를 통하지."

방물장수는 사람들 사이에 편지를 전해 줄 뿐 아니라 새로운 소식을 전해 주기도 한다고 했어요. 그래서 방물장수를 통해 이 동네에서 저 동네로 소문이 퍼져 나가기도 한대요.

"내가 가면 마을 아낙네들이 구름처럼 모여든단다. 내가 이 동네 저 동네 돌아다니니까 재미있는 세상 이야기도 많이 해 주고, 또 **친정집이나 친지에게 보내는 편지를 나한테 맡기거나 기별을 보내기도 하거든.** 이처럼 아낙네들은 내가 가져온 물건 구경도 하고, 바깥소식도 들을 수 있으니 나를 반길 수밖에 없지."

동이는 주모가 내온 국밥을 먹고 주막을 나섰어요. 이제 장으로 가서 남은 물건을 팔아 아버지에게 가기만 하면 돼요.

장에 도착하니 이미 장터는 물건을 사고파는 사람들로 북적거렸어요. 동이는 어디에 자리를 잡을지 몰라 두리번거렸지요.

그때 낯익은 얼굴이 보였어요. 지난번에 낙동나루를 함께 건넜던 방씨 아저씨였어요.

"아니, 네가 여기까지 어쩐 일이냐?"

방씨 아저씨는 깜짝 놀란 얼굴로 물었어요. 한양에 갔다가 아버지가 계신 주막으로 돌아갔어야 할 동이를 엉뚱한 장소에서 만났으니 놀랄 수밖에요.

보부상들의 통신망, 사발통문

사발의 테두리에 검은 먹을 칠해 종이에 찍어서 동그란 원을 만들고, 원의 둘레에 참여자의 이름을 빙 돌려서 적은 통문이에요. 참여자의 이름을 순서대로 적지 않고 원 주위에 적기 때문에 주모자가 누구인지 드러나지 않는 이점이 있었어요. 사발통문은 보부상 상단의 전국적인 조직망에 의해 빠르고 정확하게 전달되었기 때문에 나라의 위급한 상황을 비밀리에 전할 때 이용되기도 했어요.

동이는 그동안 있었던 일을 모두 얘기했어요. 한양까지는 무사히 갔지만, 돌아오는 길에 만난 사람들 때문에 늦어진 것과 길을 잘못 드는 바람에 엉뚱한 곳까지 다녀오게 된 사정도 얘기했지요.

"그래도 여기까지 왔으니 이제는 제대로 찾아왔구나."

방씨 아저씨는 대견하다며 칭찬해 주었어요. 그리고 동이가 한양에 서찰을 전한 후 보부상들에게 횡포를 부리던 관리는 다른 지방으로 쫓겨나고, 이제 보부상들이 마음 편하게 장사를 하게 되었다고 했어요. 도반수 어르신이 그리 힘 있는 분인 줄 몰랐지요. 물론 동이 자신도 큰일을 해낸 것 같아 마음이 뿌듯했어요.

동이는 방씨 아저씨 옆에 자리를 잡고 물건들을 늘어놓았어요. 물건이라고 해도 나무로 만든 그릇 몇 개가 전부였어요.

"방씨는 언제 이리 큰 아들을 두었나?"

지나가던 다른 보부상이 동이를 보고 방씨 아저씨에게 말을 걸었어요.

"내 아들이 아닐세. 송씨 형님 아들이야. 심부름을 하다가 여기까지 온 거라네."

그러자 그 보부상은 반가운 표정으로 말했어요.

"그럼 잘되었네. 마침 칠곡장 오동나무집에 전할 편지가 있는데, 이 아이가 대신 전하면 되겠네. 나는 장사가 잘 안되어 여기서 며칠 더 머물러야 할 것 같아서 그러네."

그 보부상은 품에서 편지 한 통을 꺼내 동이에게 주었어요. 그러자 방씨 아저씨가 동이에게 말했어요.

"보부상들은 온 나라를 떠돌며 장사를 하니까, 사람들이 멀리 사는 친지에게 편지나 물품 같은 것을 보낼 일이 있으면 보부상들에게 맡기기도 한단다. 어차피 가는 길이니 마다할 이유도 없지."

조선 시대의 우체부, 보부상

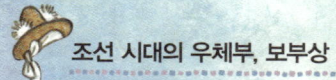

보부상은 봇짐장수인 '보상'과 등짐장수인 '부상'을 함께 가리키는 말이에요. 온 나라를 돌아다니며 장사를 하는 보부상들은 백성들의 소식을 전하는 일도 했어요. 또한 보부상 상단은 전국적으로 조직이 잘 되어 있어 정보가 들어오면 상단을 통해 빠르게 전해졌어요.

봇짐장수
부피는 작지만 값이 비싼 필묵, 금, 장신구 등을 보자기에 싸서 들거나 줄로 묶어 걸머지고 다니면서 파는 사람이에요. '보상'이라고도 해요.

목나발
보부상 상단 사이에 급한 연락을 하거나 위험을 알려야 할 때 목나발을 불었어요. 보부상들은 목나발 소리에 따라 다른 뜻이 있음을 미리 알고 있었어요.

등짐장수
생선, 소금, 무쇠솥, 나무 그릇 같은 크고 묵직한 물건들을 지게에 지고 다니며 파는 사람이에요. '부상'이라고도 해요.

패랭이
신분이 낮은 사람들이 쓰는 갓인데, 보부상들은 특별히 갓의 양쪽에 목화솜을 달아 장식한 패랭이를 쓰고 다녔어요.

물미장
등짐장수의 지게를 버티는 작대기로, 끝부분에 '물미'라는 작은 쇠뭉치가 달려 있어요. 장사를 하러 다니는 중에 도적을 만나거나 산에서 짐승을 만나면 무기로도 사용했어요.

동이는 편지를 받아 괴나리봇짐에 잘 넣었어요.

자리가 좋아서인지 남은 물건들은 금방 팔렸어요. 동이는 방씨 아저씨와 인사를 하고 헤어졌어요. 동이는 칠곡장에 들러 보부상 아저씨가 부탁한 편지를 오동나무집에 무사히 전하고, 아버지가 머물고 있는 주막으로 찾아갔어요.

동이가 주막으로 들어서자 동이 아버지는 깜짝 놀라 뛰어나왔어요. 그러고는 동이를 덥석 끌어안았지요.

"왜 이리 늦었느냐?"

동이 아버지의 목소리에는 그동안 걱정했던 마음과 안도의 기쁨이 함께 들어 있었어요.

"아버지는 다 나으셨어요?"

동이는 아버지의 건강부터 물었어요. 그새 동이는 많이 자란 것처럼 의젓하게 보였지요.

"탕약을 먹고 며칠 쉬었더니 금방 좋아지더구나. 그래서 지고 온 물건들을 모두 장에 나가 팔았단다."

그러고 보니 아버지의 얼굴이 전보다 훨씬 생기가 넘쳐 보였어요.

"그런데 네가 돌아와야 할 날짜에 돌아오지 않아 얼마나 걱정을 했는지 모른단다."

동이는 그동안 있었던 일들을 빠짐없이 아버지에게 이야기해 드렸어요. 위험에 처할 뻔했던 순간들과 임금님 행차를 본 일, 나라의 중요한 일을 도운 일까지 소상하게 이야기했지요.

이야기를 듣는 동안 동이 아버지는 놀라면서도 한편으로는 대견스럽다는 듯 동이를 바라보았어요.

"그래도 이리 무사히 돌아왔으니 장하구나."

동이 아버지는 동이를 다시 한번 끌어안았어요.

동이와 동이 아버지는 떠날 때 지고 갔던 큰 짐 대신 주머니 한가득 돈을 가지고 집으로 돌아왔지요.

동이에 관한 소문은 곧 온 마을에 퍼져 나갔어요. 동이가 집으로 돌아온 다음 날부터 동네 아이들이 동이네 집 앞으로 모여들기 시작했어요.

"동이야, 놀자!"

잘 아는 척도 하지 않았던 아이들이 꽤 다정한 목소리로 같이 놀자고 동이를 불렀어요.

동이가 한양에 다녀왔다는데, 그동안 동이에게 무슨 일이 있었는지 다들 궁금한 얼굴이었지요. 소문 중에는 동이가 공주마마를 만나고 왔다는 이야기까지 있었으니 아이들은 궁금해서 안달이 날 지경이었어요.

동이는 아이들에게 한양에 다녀온 이야기들을 하나하나 들려주었어요. 이야기를 들을 때마다 아이들은 정말이냐며 놀라기도 하고, 탄성을 지르기도 하면서 신기해했지요.

모깃소리만 하던 동이의 목소리는 우렁우렁해졌고, 얼굴에도 씩씩한 웃음이 넘쳤어요. 물론 그런 동이를 바라보는 아이들의 눈빛도 달라졌지요. 어느새 아이들 사이에서 동이는 가장 용감한 아이가 되어 있었답니다.

꼬마 보부상의 여행 일기
옛날 사람들을 이어 준 통신 수단

교통수단이 발달하지 않았던 옛날에는 서로 소식을 주고받는 데 시간도 많이 걸리고 불편하기도 했어요.
옛날에는 어떤 통신 수단들이 있었는지 알아보아요.

솟대
긴 장대 끝에 나무로 만든 새를 올려 놓고 마을 입구에 세워 놓았어요. 이 솟대가 인간의 뜻을 하늘에 전하는 전달자 역할을 한다고 생각했어요. 마을마다 화재, 가뭄, 질병 등 재앙을 막아 주는 마을의 수호신으로 모셨답니다.

연
정월 대보름이 되면 소원을 쓴 연을 해 질 무렵 높이 띄운 다음, 연실을 끊어 멀리 날려 보냈어요. 연이 하늘 높이 올라가 신에게 소원을 전해 준다고 생각했지요.

내간
옛날에 부녀자들이 주고받던 한글 편지예요. 부녀자들이 한글을 익혀 편지를 쓰기 시작했고, 나중에는 임금과 선비들도 딸이나 아내에게 편지를 쓸 때는 한글로 썼어요.

통문
여럿이 모여 어떤 일을 할 때 사람들을 모으려고 돌리는 문서예요. 조선 시대에 가장 많이 쓰인 통문은 서원이나 향교, 문중에서 보낸 것으로, 서원의 건립이나 향약계의 조직과 같은 일을 알리기 위해 작성되었어요.

방문
나라에서 백성들에게 알려야 할 일이 있을 때 사람들이 많이 지나다니는 성문이나 종루, 관청 등에 붙이는 글이에요. 줄여서 '방'이라고도 해요.

전쟁에 사용된 통신 수단

전쟁터에서 작전 명령을 전달하는 데 여러 가지 통신 수단이 활용되었어요. 어떤 방법으로 통신을 했는지 알아볼까요?

옛날 사람들을 이어 준 통신 수단

교통수단이 발달하지 않았던 옛날에는 서로 소식을 주고받는 데 시간도 많이 걸리고 불편했어요.
옛날에는 어떤 통신 수단이 있었는지 알아보아요.

한눈에 펼쳐 보는 전통문화 옛 교통과 통신

조선 시대 주요 교통로

한양에서 경상도 동래까지 통신사가 오고 간 영남대로, 한양에서 평안도 의주까지 사신이 오고 간 의주대로, 한양에서 전남 해남까지 이어지는 삼남대로 등이 조선 시대의 대표적인 교통로였어요. 정치, 문화, 경제의 중심인 이 세 길은 오늘날도 이용되고 있답니다.

한강의 나루터

한강에는 모두 18개의 나루터가 있었다고 해요. 그중에서 광나루, 삼밭나루, 동작나루, 노들나루, 양화나루는 한강의 5대 나루로 손꼽힌답니다.

사람과 짐을 실어 나른 동물

교통수단이 발달하지 않았던 옛날에는 동물의 힘을 빌려 사람이나 짐을 실어 날랐어요. 어떤 동물들이 있었을까요?

여러 종류의 가마

조선 시대에는 양반도 벼슬에 따라 탈 수 있는 가마가 달랐어요. 어떤 종류의 가마가 있었는지 알아보아요.

한눈에 펼쳐 보는 전통문화 옛 교통과 통신

모든 신호는 목멱산 봉수대로!

전국의 봉수는 5개 주요 봉수로를 통해 한양에 있는 목멱산 봉수대로 모여요. 봉수는 전국 어디에서 피워 올려도 약 12시간 안에 한양에 도착한답니다.

파발을 돕는 역참

파발이 지나는 일정한 거리마다 역참이 있었어요. 역참에서는 교대할 사람과 말을 준비해 놓았다가 나라의 급한 소식을 빨리 전할 수 있도록 도왔어요. 또한 파발꾼에게 식사와 잠자리도 제공했어요.